KHALIL GIBRAN

EL PROFETA

EL JARDÍN DEL PROFETA

•FONTANA•

KHALIL GIBRAN

EL PROFETA

EL JARDÍN DEL PROFETA

TRADUCCIÓN:
FATH AL-SANTOTT

PRÓLOGO Y PRESENTACIÓN:
FRANCESC LLUIS CARDONA,
Doctor en Historia y Catedrático

EL PROFETA, EL JARDÍN DEL PROFETA,
Khalil Gibrán

Prólogo / Presentación: Francesc Lluis Cardona
Traducción: Fath Al-Santott
Diseño gráfico / Ilustración portada: Daniel Jurado

Edita: Olmak Trade S.L.
C/ Roca Plana 1
08110 - Montcada i Reixac
Barcelona (España)

www.olmaktrade.com
info@olmaktrade.com

 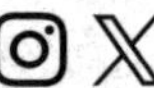 @O_BookTrade
#ClásicosFontana

Impreso en España / Printed in Spain

I.S.B.N: 978-84-10109-66-7
Depósito Legal: B 10102-2024

Estudio preliminar

Khalil Gibrán, el hombre y su mundo

Nuestro futuro poeta vino al mundo el 6 de enero de 1883 en Besharre,* Líbano, una aldea emplazada en una de las montañas más elevadas del bíblico país, no muy lejos de los famosos cedros considerados «sagrados» que crecen a cuatro mil metros de altura y con los que los fenicios se aventuraron en la antigüedad hasta las míticas Columnas de Hércules, adentrándose en el proceloso Océano. El nombre de la aldea significa textualmente «templo donde mora Astarté», la Venus fenicia, importante centro de peregrinación de la diosa del amor.

A comienzos del siglo XVI, el Líbano junto con Siria, queda englobado dentro del Imperio turco-otomano, aunque goza de cierta autonomía. A mediados del siglo XIX, al depender del Bajá de Egipto, se inicia en Oriente Medio la penetración europea. Sin embargo, las luchas entre las diversas etnias y religiones de la región ya eran entonces constantes y los dominadores se valían de ellas para mantener su poder, aunque éste fuera nominal.

En 1860, los drusos, armados por los turcos, provocaron una gran matanza de católicos maronitas.** Khalil Gibrán era el hijo de un pastor de ovejas y de Kamile Rahme, hija de un sacerdote maronita (esta secta cristia-

---

* Llamado también Bsharreh o Bcharri.

** Los maronitas practicaban una especie de cristianismo, predicado por San Marón en el Líbano, en el siglo V, y que tenía numerosos adeptos.

na permite el casamiento de sus sacerdotes) misionero en Brasil. Al quedar viuda, Kamile regresó al Líbano con su primer hijo, Pedro, y allí volvió a casarse con Khalil Gibrán padre.

Al niño le fueron impuestos, siguiendo la tradición, los nombres familiares y paternos Gibrán Khalil Gibrán, que después abreviaría a Khalil Gibrán. Fue como una premonición: Khalil significaba «El escogido o el amigo amado» y Gibrán «el soñador o consolador de almas». En medio de dificultades sin cuento, el pequeño Khalil fue a la escuela local y allí aprendió arábigo, sirio, el catecismo y los Salmos de David, que pronto supo de memoria.

A partir de 1894, la región del Oriente Medio cae en una aguda crisis económica, el pequeño Gibrán junto con su madre, sus dos hermanas, Sultana y Mariana, y su hermanastro Pedro, marchan a los Estados Unidos, concretamente a Boston, en busca de mejores horizontes, mientras el padre queda en el Líbano.

José Juan Tablada, poeta mejicano que conoció a Khalil, escribe de él: «Khalil niño fue extraordinariamente precoz y versátil, dedicándose al dibujo, la escultura, la música y la literatura, con avidez y absorción tales, que, para atemperarlas, tenían sus padres que recurrir al castigo. Cuando el niño tenía ocho años, las fuentes de inspiración de Miguel Ángel y de Leonardo, entrevistas en los libros ilustrados, se habían estampado en su conciencia tierna como la cera al impresionarse y como el mármol fuerte para retener.»

Antes de marchar al Nuevo Mundo, Khalil gustaba de realizar excursiones por los alrededores de su aldea natal, al convento de Mar Sarquis —donde sería enterrado—, a la Gruta de Kadhisa, al bosque sagrado de Cedros, al profundo Valle de los Santos, siempre envuelto en la umbría. Se entusiasmaba con las tempestades y las tormentas y disfrutaba quedando completamente empapado bajo la lluvia, a pesar de las recriminaciones de su madre.

Khalil embarcó con su familia en Beirut, pero antes se empapó de un escenario de resonancias bíblicas cuyo centro era Biblos, la ciudad de los adoradores de Astarté y donde los romanos, los árabes y los cruzados dejaron huellas más destructivas que civilizadoras. Khalil se saturó de sol y de Mediterráneo, así como de las atractivas ruinas de los primeros tiempos de la Humanidad.

En Boston los Gibrán se instalaron donde pudieron, hacia las afueras del Barrio Chino. Pedro consiguió trabajo, mientras su madre y hermanas completaban el sueldo necesario cosiendo. Khalil pudo entrar en una escuela privada y compartir estudios con jóvenes americanos, Fue entonces cuando debió trabar conocimiento con la obra del gran poeta norteamericano Walt Whitman, entonces recientemente fallecido (1819-1892). Poeta «maldito» por la sociedad de su tiempo y que iba a dejar profunda huella en Gibrán.

Su estancia en la puritana ciudad de «Nueva Inglaterra» sería breve. A los dos años, fuera quizá porque Khalil se iniciara en el amor carnal frecuentando a una mujer mercenaria, lo cierto es que su madre lo envió de nuevo al Líbano, y en Beirut estudió en la Escuela de la Sabiduría: medicina, derecho internacional, historia de las religiones y música. Sin embargo, se especializa sobre todo en dibujo y pintura. Hace sus pinitos en las letras editando una revista que tituló La Verdad (Al Haqiqat). Tenía dieciséis años cuando publica su primer poema.

En 1901 realiza un viaje a Grecia, Italia y España, y se instala en París durante dos años, perfeccionando sus conocimientos históricos. En aquella etapa y junto al Sena se gestará su polémica obra *Espíritus rebeldes*. Escrita en árabe, será rápidamente quemada y prohibida. La fatalidad familiar se abate entonces sobre Gibrán al fallecer su hermanastro Pedro, una de sus hermanas, Sultana, y por último, su madre, atacados todos de la entonces terrible tuberculosis.

Regresó entonces a Boston para vivir junto a su única hermana viva, Mariana. Siguió pintando y escribiendo en árabe. Hacia 1908 conoció a Mary Haskell, quien se convertiría en su protectora y consejera. Ese mismo año, retornó a París para continuar sus estudios pictóricos. En la Ciudad de la Luz retrató a muchas figuras de las artes y la política: Rodin, Debussy, Maeterlinck, Garibaldi el joven, Edmond Rostand...

De nuevo en Boston, en 1910, sigue exponiendo en numerosas ocasiones. En 1917 se traslada definitivamente a la ciudad de Nueva York, en donde fija su residencia en el 51 de la West Tenth Street, donde se alzaba el primer edificio construido para uso exclusivo de pintores y escultores. Allí vivió hasta su muerte, ocurrida el 10 de abril de 1931, a los 48 años de edad, cuando los ecos de la Gran Depresión económica todavía se abatían sobre la macrociudad de los rascacielos. Su primo, llamado Khalil Gibrán como él, describió así su muerte:

> Gibrán falleció a las once de la noche. Aunque debilitado por la cirrosis hepática y por la fatal enfermedad familiar de la tuberculosis que ya mostraba sus garras, hasta el último momento había rechazado la hospitalización. El 10 de abril, por la mañana, fue finalmente llevado al hospital Saint Vincent's de Nueva York, en Greenwich Village. Todo lo que sus amigos, primos y su hermana podían hacer era esperar.

Al día siguiente, Mariana comunicó por telegrama a Mary Haskell la muerte del poeta. Aunque al marido poca gracia le hizo, Mary Haskell, que se hallaba en Savannah, marchó al taller de su querido amigo para darle el postrer adiós…

Los siguientes acontecimientos —el viaje en tren de Nueva York a Boston; las ceremonias fúnebres en la iglesia maronita de South End, «Nuestra Señora de los Cedros»; el entierro provisional en el cementerio de Forest Hills; el cortejo para Providence, Rhode Island, desde donde Mariana y sus primos iniciaron una larga peregrinación por mar con los restos de Khalil hasta Beirut y, finalmente, la triunfal procesión hasta su aldea natal, donde Gibrán sería enterrado el 21 de agosto, en Mar Sarkis, un monasterio carmelita al que Khalil había profesado honda devoción—, todo eso ha sido contado muchas veces.

La obra literaria de Gibrán

Sus obras, publicadas en diversos lugares y lenguas, poseen algunos títulos diferentes. Nosotros utilizaremos los más conocidos, aunque se pueden encontrar en otros volúmenes bajo títulos distintos.

- *Espíritus Rebeldes*

Terminado hacia 1903. Fue prohibido y quemado en la plaza pública de Beirut, por disposición no sólo del Gobierno Otomano, sino también de la Iglesia Católica Maronita, por considerarlo libro «peligroso, revolucionario y venenoso para la juventud». Fue entonces cuando, hallándose lejos de su patria, fue desterrado por las autoridades oficiales y excomulgado por su iglesia, aunque con el tiempo logró ser perdonado.

Espíritus Rebeldes consta de cuatro cuentos en forma de parábola (procedimiento usual en el mundo del Cercano Oriente). El primero* relata la historia de una mujer desgraciada, casada con un hombre al que no ama. El segundo, «El lecho nupcial», relata cómo una infeliz muchacha se ve obligada a contraer matrimonio por la costumbre y tradición y no por amor. Desesperada, y al no ser correspondida por su amante, cuando le pide formalizar su unión sentimental, mata a aquél, después de haber huido de la fiesta de su boda, y luego se suicida junto al cadáver de su amante. El tercero, «Khalil el Hereje», expone la presencia personificada del mal e induce a los mortales a romper sus cadenas como libres hijos de Dios. El cuarto, «El llanto de los sepulcros», nos narra la opresión del débil por el fuerte, la desaparición de la libertad de un pueblo en manos de una autoridad tiránica (léase el Líbano bajo los turcos) y la condenación de hombres y mujeres inocentes por parte de jueces corruptos.

• *Alas Rotas*

La primera versión data de 1912, en ella el autor relata, bajo diferentes nombres, acontecimientos reales de su vida. El argumento se centra en el amor por Hala Dhaler, una muchacha de su aldea con quien no pudo casarse

* Aparecido bajo el título árabe de «Wardeh Al Hameh».

por estar prometida al sobrino del obispo. Compensación freudiana de su sueño irrealizado, el libro creó una gran agitación en el mundo árabe.

• *Lágrimas y sonrisas*

Compuesta hacia 1914, se trata de una obra de inspiración nietzscheana, en la que presenta unidos al amor y el dolor. Quizá le fuera inspirada un día en que viera llorar a su inalcanzable amada Hala Dhaler. Gibrán se enterneció ante tal tristeza, pero Hala le replicó, secándose las lágrimas… Son simplemente «lágrimas y sonrisas».

• *El Loco*

Primera versión aparecida en inglés en 1918. El escritor hace hablar a un loco al estilo del Zaratustra de Nietzsche. Gracias a ellos experimenta la revelación de descubrir que hay entre hombre, Dios y mundo una unidad indivisible. Ensalza la fuerza y rechaza todo tipo de cobardía y rendición. La obra es el primer paso hacia la abnegación divina.

• *La Procesión*

También en 1918 y titulado asimismo en plural. Diálogo entre dos personas, una expresa su ira ante cierto tipo de vida, el mal y la opresión, y acusa a los seres humanos de parecer máquinas y ser esclavos de su propia ambición. La segunda, a semejanza de Rousseau, ensalza la vida del campo en donde no existen tristezas, ni preocupaciones, ni castigos, ni opresión, dentro de una imagen bucólica ideal.

• *La Tempestad*

De 1920. Se trata de una obra semejante a las de Paul Valéry (1871-1945). También se la cita con el título en plural. Es un conjunto de artículos y relatos en los que no se pierde de vista la influencia de Nietzsche; pero la dinamita que sembrara el autor del «superhombre», en Gibrán se torna también vitamina masiva para fortalecer a los débiles. Estos relatos figuran en algunas ediciones bajo el título de *Entre Noche y Día*.

• *El Precursor*

Asimismo de 1929, intenta poner en ridículo a aquellos que creen hallarse en posesión de la auténtica verdad. De esta forma se vale del ancestral estilo satírico de la parábola, tan utilizado en el Próximo Oriente. Igualmente se atreve a probar, con argumentos de que todos somos responsables de nuestro propio destino.

• *El Profeta*

Considerada como su obra maestra, fue redactándola durante muchos años. Los expertos hablan de una primera versión en árabe que habría comenzado en la época de sus estudios en Beirut (1896-1903). Abandonó este original y los cinco años siguientes dieron paso a una nueva versión en árabe. Barbara Young, autora de una biografía de Gibrán, cuenta que éste la leyó a su madre, quien le replicó: «En muy hermoso, hijo mío, pero no es todavía tiempo para publicarlo». Entre 1917 y 1922 intentó rehacer aquellos borradores en árabe. Finalmente se decide por el inglés para componer el texto definitivo, que apareció en 1923.

El Profeta debía formar parte de una trilogía compuesta además por *El Jardín del Profeta*, que se publicaría póstumamente en 1933, a cargo de Barbara Young. En él percibimos de forma conmovedora su amor por la gota de rocío, la nieve, la piedra del sendero, los ensoñadores bosquecillos y los viñedos. Todo él es como una profunda profesión de fe acerca de lo que espera al ser humano después de la muerte.

En *El Profeta*, a través de Almustafá, que actúa como portavoz, el autor expone sus teorías sobre las relaciones del hombre con el hombre: amor, matrimonio, dinero, etc. Gibrán propone como objetivo final la búsqueda de la felicidad personal, que sólo se encuentra en la búsqueda de Dios, a quien encuentra en nosotros mismos. Dios se manifiesta en la vida cotidiana en nuestro prójimo, animal, objeto, naturaleza.

En veintisiete capítulos, el Profeta purificado y convertido en voz de la verdad, se dirige a sus discípulos, que le preguntan sobre estos trascendentales temas ya citados, temas que no son de ayer, sino de siempre. El estilo es evangélico o más que evangélico ancestral, puesto que los discípulos, ávidos de saber, interrogan al Maestro y éste les expone su doctrina.

Almustafá enseña a sus discípulos el bien, la recta senda, la tranquilidad de espíritu, el auténtico amor, la perfecta compenetración entre hombres y mujeres, y éstos conforme a la naturaleza. Sin embargo, queda mucho camino por recorrer para que esto se cumpla, hay que cortar de raíz muchos males que todavía aquejan a este valle de lágrimas, hay que terminar con la corrupción, el egoísmo, el odio y la maldad. Para combatir estos feroces enemigos, la bondad no es suficiente. Entonces es necesario sacar el látigo y autodefenderse. El que desee perfeccionarse debe de aislarse del exterior, buscando el camino que ya los místicos de todos los tiempos y lugares señalaron. Sólo así será factible conversar con uno mismo en un proceso de interiorización que nos convierte en parte de Dios. De esta forma, el ser levitará por encima de todas las lacras, las miserias del cuerpo y la mente. Sólo así el individuo podrá autorrealizarse y por lo tanto ser. He aquí la auténtica vida del ser humano y su trascendencia.

La doctrina de Gibrán converge en un perfecto sincretismo o reunión del pensamiento oriental y el occidental, los dos mundos en que se desarrolló su vida mortal. Sincretismo que incluso llega al eclecticismo o simbiosis de elementos, recogiendo ideas de Nietzsche, cristianizándolas, o de Rabindranath Tagore. Así la existencia es un camino de purificación mística. Purificación que realiza el propio ser humano con el fuego interior que lleva cada uno. El hombre como crisol capaz de contener absolutamente todo, desde la naturaleza humana hasta la divina. Panteísmo de indudable raíz oriental.

Del conocerse a sí mismo socrático se originan las virtudes, la bondad, la fraternidad, y se consumen en el fuego purificador la maldad, el pecado, el odio, los egoísmos, pudiendo el alma, libre de toda impureza, entregarse al amor, incluso al amor carnal, porque la carne se ha transfigurado en espíritu.* Dios como ser absoluto, no puede ser comprendido, pero sí podemos llegar a su conocimiento a través de nosotros, partes de ese mismo Dios. El propio Gibrán confesará más tarde que *El Profeta* «es parte de

---

* Recordemos a este respecto los ecos de *El Cantar de los Cantares* atribuido al famoso rey sabio israelita Salomón (siglo X a.C.). La sensualidad oriental es muy difícil de comprender para nuestra mentalidad occidental, que la hace caer frecuentemente en algo burdo y obsceno.

mí mismo». La obra fue traducida a más de veinte idiomas y gozó de gran predicamento entre los denominados «cristianos progres», hasta que la Teología de la Liberación llevó al progresismo cristiano por otros derroteros.

- *Lázaro y su amada*

De 1925, se trata de una pieza teatral en un acto inspirada en el poema árabe original *Lázaro*.

- *Arena y espuma*

Aparecida en 1926, puede considerarse como un nexo entre *El Profeta y Jesús el Hijo del Hombre* (1928). El protagonista camina por un sendero a la orilla del mar y la marea borra sus pasos, mientras que, con una espléndida imagen poética, el viento acompaña a la espuma. Ya no tiene ecos nietzschenianos y la resignación y la paz invaden el espíritu de Gibrán, que exclama: «Oh Señor, deja que sea presa del león antes de permitir que el conejo sea mi presa».

- *Jesús el Hijo del Hombre*

Escrito casi al fin de sus días y publicado en 1928, representa la coronación de su vida y su misión. No se trata de una obra ni histórica ni apologética. Gibrán ve a Jesús como un hombre extraordinario, no como el Hijo de Dios, un hombre que amó y sufrió mucho. Setenta y siete personajes opinan sobre la personalidad de Cristo. El último de la serie un libanés, indudablemente el propio Gibrán, hombre de nuestro siglo, critica a la iglesia como institución humana en la que sus miembros han caído en la más abyecta hipocresía, desempeñando su misión en beneficio propio y no como intermediarios del Jesús clavado en la Cruz.

• *Los dioses de la Tierra*

Salida a la luz poco antes de su muerte (1931), es un compendio de toda la doctrina de nuestro autor, una afirmación de que el ser humano anhela unirse a la divinidad y servir como su alimento. Una especie de comunión, pero al revés.

A partir de aquí las publicaciones son póstumas, excepto alguna ya citada, entre ellas destacaremos:

El Vagabundo (1932) colección de cincuenta relatos; *Ninfas del Valle* (1948) en la que a semejanza de Espíritus Rebeldes ataca a los que detentan el poder, bien sea civil o eclesiástico, autores de leyes que luego son los primeros en no cumplirlas; *La Voz del Maestro* (1959), libro armado seguramente con los borradores de la última parte de la inconclusa trilogía del Profeta, a la que se unió otros textos dispersos sobre el amor, la vida y la muerte, tan próximos a nuestro poeta; *Pensamientos y meditaciones* (1961); *Dichos Espirituales* (1963), nueva recopilación de sus pensamientos, dichos y consideraciones espirituales; *Autorretrato* (1960), interesantísima antología epistolar; y, finalmente, *Espejos del alma (De mi patria)*, recopilación de textos críticos y poéticos ya publicados en periódicos y revistas de distintas épocas.

Colofón final

En nuestros días la fama de Khalil Gibrán y de su obra parece haber remitido, aunque en vida fue polémica y extraordinaria, pero que a su muerte alcanzó grados insospechados, quizás incluso desproporcionados de popularidad. ¿Cuáles fueron los motivos? Gibrán se limitó a recoger todo el acervo cultural, lírico y filosófico de sus antepasados con respecto a temas eternos del amor, la libertad, la opresión, la esclavitud, las leyes humanas, la amistad, tópicos repetidos una y otra vez, pero como un inspirado taumaturgo o un auténtico mago, todo lo que escribió fue transfigurado por la varita mágica del auténtico amor.

Si para Erasmo de Rotterdam* era la Locura la que movía el universo, para Gibrán el Amor «es el amo y señor de todos nosotros, que no somos más que siervos obedientes, hasta el punto de que el que desobedece la llamada del amor desobedece a Dios». La libertad se halla por encima de las leyes humanas y existen los tiranos siempre que existan pueblos que se pleguen a sus exigencias (¡qué pensamiento más revolucionario en él, que predica la paz y la redención por el amor!).

La auténtica felicidad sólo se encuentra en la senda del dolor y el sufrimiento. Siguiendo a Nietzsche, busca al Superhombre y lo encuentra en la figura de Jesús despojado de su divinidad, pero colocado por propio esfuerzo por encima del dolor y nacido naturalmente de una abnegada mujer de pueblo. Como los místicos que le precedieron, la religión es para Gibrán la unión ínti-

* Uno de los más grandes humanistas (1469-1536). Su obra más conocida, *Elogio de la locura*, es un antecedente, por su espíritu crítico, a la de Gibrán.

ma con la divinidad, algo muy por encima de las leyes humanas de la Iglesia.

Gibrán atacó a fariseos e hipócritas de toda laya que predicaban una cosa y su conducta dejaba mucho que desear, y quizás en ello influyera el desencanto por no poder matrimoniar con Hala Dhaler, prometida al sobrino del obispo. Sea como fuere, hay mucho de Tolstoi en su proceder, criticando sin temor aquella especie de alianza del trono y el altar, aunque las autoridades civiles fueran turcas.*

Gibrán fue un auténtico revolucionario en potencia, pero él solo poco podía hacer para liberar a su pueblo, que desgraciadamente todavía se halla envuelto hoy en una endémica guerra civil, sin que se vislumbre una solución satisfactoria. Gibrán posee madera de místico, pero la coyuntura histórica le hace ser a la vez realista y sus deseos se ven envueltos en la fiebre alucinatoria que le consume. Sufrió mucho y mitigó el dolor con la pintura, la literatura, la amistad y amores más o menos ocasionales. Se sintió iluminado y bebió el cáliz amargo del fracaso al no poder concluir la misión redentora de sus compatriotas. Disputó a Tagore su celebridad y, en opinión de muchos, el libanés es superior.

El impacto que causó en las generaciones de intelectuales hispanoamericanos y españoles de las primeras décadas de siglo fue extraordinario. Impacto acrecentado por su amistad con escritores y poetas como José Juan Tablada, Gabriela Mistral, José de Vasconcelos, Ricardo Baeza o Eugenio D'Ors. Todavía en la actualidad nos fas-

* León Tolstoi (1828-1919). Uno de los más grandes escritores rusos. Auténtico «anarquista cristiano», su crítica de la sociedad y las instituciones de su país y de su tiempo fue demoledora, a la vez que se mostró como un sincero pacifista.

cina la profundidad de su pensamiento y su enfoque místico de la vida en general, en particular para aquellos que saben hasta que punto el amor es esencial en la vida del hombre y en su destino.

Francesc Lluis Cardona

EL PROFETA

(según la edición inglesa de 1923)

El Profeta

Almustafá, el elegido y bienamado, el que era un amanecer en su propio día, había esperado doce años en la ciudad de Orfalese la vuelta del barco que debía devolverlo a su isla natal.

A los doce años, en el séptimo día de Yeleol, el mes de las cosechas, subió a la colina, más allá de los muros de la ciudad, y contempló el mar. Y vio su barco llegando con la bruma.

Se abrieron, entonces, de par en par las puertas de su corazón y su alegría voló sobre el océano. Cerró los ojos y oró en los silencios de su alma.

Sin embargo, al descender de la colina, cayó sobre él una profunda tristeza, y pensó así en su corazón. ¿Cómo podría partir en paz y sin pena? No; no abandonaré esta ciudad sin una herida en el alma.

Largos fueron los días de dolor que pasé entre sus muros y largas fueron las noches de soledad y, ¿quién puede separarse sin pena de su soledad y su dolor?

Demasiados fragmentos de mi espíritu he esparcido por estas calles y son muchos los hijos de mi anhelo que marchan desnudos entre las colinas. No puedo abandonarlos sin aflicción y sin pena.

No es una túnica la que me quito hoy, sino mi propia piel, que desgarro con mis propias manos.

Y no es un pensamiento el que dejo, sino un corazón, endulzado por el hambre y la sed.

Pero no puedo detenerme más.

El mar, que llama todas las cosas a su seno, me llama y debo embarcarme.

Porque el quedarse, aunque las horas ardan en la noche, es congelarse y cristalizarse y ser ceñido por un molde.

Desearía llevar conmigo todo lo de aquí, pero, ¿cómo lo haré?

Una voz no puede llevarse la lengua y los labios que le dieron alas. Sola debe buscar el éter.

Y sola, sin su nido, volará el águila cruzando el sol.

Entonces, cuando llegó al pie de la colina, miró al mar otra vez y vio a su barco acercándose al puerto y, sobre la proa, los marineros, los hombres de su propia tierra.

Y su alma los llamó diciendo:

Hijos de mi anciana madre, jinetes de las mareas; ¡cuántas veces habéis surcado mis sueños! Y ahora llegáis en mi vigilia, que es mi sueño más profundo.

Estoy listo a partir y mis ansias, con las velas desplegadas, esperan el viento.

Respiraré otra vez más este aire calmo, contemplaré otra vez sólo hacia atrás, amorosamente.

Y luego estaré con vosotros, marino entre marinos.

Y tú, inmenso mar, madre sin sueño, tú que eres la paz y la libertad para el río y el arroyo, permite un rodeo más a esta corriente, un murmullo más a esta cañada.

Y luego iré hacia ti, como gota sin límites a un océano sin límites.

Y, caminando, vio a lo lejos cómo hombres abandonan sus campos y sus viñas y se encaminaban apresuradamente hacia las puertas de la ciudad.

Y oyó sus voces llamando su nombre y gritando de lugar a lugar, contándose el uno al otro de la llegada de su barco.

Y se dijo a sí mismo:

¿Será el día de la partida el día del encuentro?

¿Y será mi crepúsculo, realmente, mi amanecer?

¿Y, qué daré a aquel que dejó su arado en la mitad del surco, o a aquel que ha detenido la rueda de su lagar?

¿Se convertirá mi corazón en un árbol cargado de frutos que yo recoja para entregárselos?

¿Fluirán mis deseos como una fuente para llenar sus copas?

¿Será un arpa bajo los dedos del Poderoso o una flauta a través de la cual pase su aliento?

Buscador de silencios soy, ¿qué tesoros he hallado en ellos que pueda ofrecer confiadamente?

Si es éste mi día de cosecha ¿en qué campos sembré la semilla y en qué estaciones, sin memoria?

Si ésta es, en verdad, la hora en que levante mi lámpara, no es mi llama la que arderá en ella.

Oscura y vacía levantaré mi lámpara.

Y el guardián de la noche la llenará de aceite y la encenderá.

En palabras decía estas cosas. Pero mucho quedaba sin decir en su corazón. Porque él no podía expresar su más profundo secreto.

Y, cuando entró en la ciudad, toda la gente vino a él, llamándolo a voces.

Y los viejos se adelantaron y dijeron:

No nos dejes.

Has sido un mediodía en nuestros crepúsculos y tu juventud nos ha dado motivos para soñar.

No eres un extraño entre nosotros; no eres un huésped, sino nuestro hijo bienamado.

Que no sufran aún nuestros ojos el hambre de su rostro.

Y los sacerdotes y las sacerdotisas le dijeron:

No dejes que las olas del mar nos separen ahora, ni que los años que has pasado aquí se conviertan en un recuerdo.

Has caminado como un espíritu entre nosotros y tu sombra ha sido una luz sobre nuestros rostros.

Te hemos amado mucho. Nuestro amor no tuvo palabras y con velos ha estado cubierto.

Pero ahora clama en alta voz por ti y ante ti se descubre. Siempre ha sido verdad que el amor no conoce su hondura hasta la hora de la separación.

Y vinieron otros también a suplicarle. Pero él no les respondió. Inclinó la cabeza y aquellos que estaban a su lado vieron cómo las lágrimas caían sobre su pecho.

Él y la gente se dirigieron, entonces, hacia la gran plaza ante el templo.

Y salió del santuario una mujer llamada Almitra. Era una profetisa.

Y él la miró con enorme ternura, porque fue la primera que le buscó y creyó en él cuando tan sólo había estado un día en la ciudad.

Y ella lo saludó, diciendo:

Profeta de Dios, buscador de lo supremo; largamente has escudriñado las distancias buscando tu barco.

Y ahora tu barco ha llegado y debes irte.

Profundo es tu anhelo por la tierra de tus recuerdos y por el lugar de tus mayores deseos, y nuestro amor no te atará, ni nuestras necesidades detendrán tu paso.

Pero sí te pedimos que, antes de que nos dejes, nos hables y nos des tu verdad.

Y nosotros la daremos a nuestros hijos y a los hijos de nuestros hijos, y así no perecerá.

En tu soledad has velado durante nuestros días y en tu vigilia has sido el llanto y la risa de nuestro sueño.

Descúbrenos ahora ante nosotros mismos y dinos todo lo que existe entre el nacimiento y la muerte, como te ha sido mostrado.

Y él respondió:

Pueblo de Orfalese ¿de qué puedo yo hablar sino de lo que aún ahora se agita en vuestras almas?

El Amor

Dijo Almitra: Háblanos del amor.

Y él levantó la cabeza, miró a la gente y una quietud descendió sobre todos. Entonces, dijo con gran voz:

Cuando el amor os llame, seguidlo.

Y cuando su camino sea duro y difícil, y cuando sus alas os envuelvan, entregaos.

Aunque la espada entre ellas escondida os hiera.

Y cuando os hable, creed en él. Aunque su voz destroce nuestros sueños, tal como el viento norte devasta los jardines.

Porque, así como el amor os corona así os crucifica.

Así como os acrece, así os poda.

Así como asciende a lo más alto y acaricia vuestras más tiernas ramas, que se estremecen bajo el sol, así descenderá hasta vuestras raíces y las sacudirá en un abrazo con la tierra.

Como trigo en gavillas él os une a vosotros mismos.

Os desgarra para desnudaros.

Os cierne, para libraros de vuestras coberturas.

Os pulveriza hasta volveros blancos.

Os amasa, hasta que estéis flexibles y dóciles.

Y os asigna luego a su fuego sagrado para que podáis convertiros en sagrado pan para la fiesta sagrada de Dios.

Todo esto hará el amor en vosotros para que podáis conocer los secretos de vuestro corazón y convertiros, por ese conocimiento, en un fragmento del corazón de la Vida.

Pero si, en vuestro miedo, buscáis solamente la paz y el placer del amor, entonces, es mejor que cubráis vuestra desnudez y os alejéis de sus umbrales, hacia un mundo sin primaveras donde reiréis, pero no con toda vuestra risa, y lloraréis, pero no con todas vuestras lágrimas.

El amor no da nada más a sí mismo, no toma nada más que de sí mismo.

El amor no posee ni es poseído.

Porque el amor es suficiente para el amor.

Cuando améis no debéis decir: «Dios está en mi corazón», sino más bien: «Yo estoy en el corazón de Dios».

Y pensad que no podéis dirigir el curso del amor porque él, si os encuentra dignos, dirigirá vuestro curso.

El amor no tiene otro deseo que el de realizarse.

Pero, si amáis y debe la necesidad tener deseos, que vuestros deseos sean éstos:

Fundirse y ser como un arroyo que canta su melodía a la noche.

Saber del dolor de la demasiada ternura.

Ser herido por nuestro propio conocimiento del amor.

Y sangrar voluntaria y alegremente.

Despertarse al amanecer con un alado corazón y dar gracias por otro día de amor.

Descansar al mediodía y meditar el éxtasis de amar.

Volver al hogar con gratitud en el atardecer.

Y dormir con una plegaria por el amado en el corazón y una canción de alabanza en los labios.

El matrimonio

Entonces, Almitra habló otra vez; ¿Qué nos diréis sobre el matrimonio, Maestro?

Y él respondió, diciendo:

Nacisteis juntos y juntos para siempre.

Estaréis juntos cuando las alas blancas de la muerte esparzan vuestros días.

Sí; estaréis juntos en la memoria silenciosa de Dios.

Pero dejad que haya espacios en vuestra cercanía.

Y dejad que los vientos del cielo dancen entre vosotros.

Amaos el uno al otro, pero no hagáis del amor una atadura.

Que sea, más bien, un mar movible entre las costas de vuestras almas.

Llenaos uno al otro vuestras copas, pero no bebáis de una sola copa.

Daos el uno al otro de vuestro pan, pero no comáis del mismo trozo.

Cantad y bailad juntos y estad alegres, pero que cada uno de vosotros sea independiente.

Dad vuestro corazón, pero no para que vuestro compañero lo tenga, porque sólo la mano de la Vida puede contener los corazones.

Y estad juntos, pero no demasiado juntos,
porque los pilares del templo están aparte.

Y, ni el roble crece bajo la sombra del ciprés ni el ciprés bajo la del roble.

Los niños

Y una mujer que sostenía un niño contra su seno pidió: Háblanos de los niños.

Y él dijo:

Vuestros hijos no son hijos vuestros.

Son los hijos y las hijas de la Vida, deseosa de sí misma.

Vienen a través vuestro, pero no vienen de vosotros.

Y, aunque están con vosotros, no os pertenecen.

Podéis darles vuestro amor, pero no vuestros pensamientos.

Porque ellos tienen sus propios pensamientos.

Podéis albergar sus cuerpos, pero no sus almas.

Porque sus almas habitan en la casa del mañana que vosotros no podéis visitar, ni siquiera en sueños.

Podéis esforzaros en ser como ellos, pero no busquéis el hacerlos como vosotros.

Porque la vida no retrocede ni se entretiene con el ayer.

Vosotros sois el arco desde el que vuestros hijos, como flechas vivientes, son impulsados hacia adelante.

El Arquero ve el blanco en la senda del infinito y os doblega con su poder para que su flecha vaya veloz y lejana.

Dejad, alegremente, que la mano del Arquero os doblegue.

Porque, así como Él ama la flecha que vuela, así ama también el arco, que es estable.

El dar

Entonces, un hombre rico dijo: Háblanos del dar.

Y él contestó:

Dais muy poca cosa cuando dais de lo que poseéis.

Cuando dais algo de vosotros mismos es cuando realmente dais.

¿Qué son vuestras posesiones sino cosas que atesoráis por miedo a necesitarlas mañana?

Y mañana, ¿qué traerá el mañana al perro que, demasiado previsor, entierra huesos en la arena sin dejar huellas mientras sigue a los peregrinos hacia la ciudad santa? ¿Y qué es el miedo a la necesidad sino la necesidad misma?

¿No es, en realidad, el miedo a la sed, cuando el manantial está lleno, la sed inextinguible?

Hay quienes dan poco de lo mucho que tienen. Lo dan buscando el reconocimiento y su deseo oculto malogra sus regalos.

Y hay quienes tienen poco y lo dan todo.

Son éstos los creyentes en la vida y en la magnificencia de la vida y su cofre nunca está vacío.

Hay quienes dan con alegría y esa alegría es su premio.

Y hay quienes dan con dolor y ese dolor es su bautismo.

Y hay quienes dan y no saben del dolor de dar, ni buscan la alegría de dar, ni dan conscientes de la virtud de dar.

Dan como, en el hondo valle, da el mirto su fragancia al espacio.

A través de las manos de los que como ésos son, Dios habla y, desde el fondo de sus ojos, Él sonríe sobre la tierra.

Es bueno dar algo cuando ha sido pedido, pero es mejor dar sin demanda, comprendiendo.

Y, para la mano abierta, la búsqueda de aquel que recibirá es mayor goce que el dar mismo.

¿Y hay algo, acaso, que podáis guardar? Todo lo que tenéis será dado algún día.

Dad, pues, ahora que la estación de dar es vuestra y no de vuestros herederos.

Decís a menudo: «Daría, pero sólo al que lo mereciera».

Los árboles en vuestro huerto no dicen así, ni lo dicen los rebaños en vuestra pradera.

Ellos dan para vivir, ya que guardar es perecer.

Todo aquel que merece recibir sus días y sus noches, merece, seguramente, de vosotros todo lo demás.

Y aquel que mereció beber el océano de la vida, merece llenar su copa en vuestro pequeño arroyo.

¿Y cuál será mérito mayor que el de aquel que da el valor y la confianza —no la caridad— del recibir?

¿Y quiénes sois vosotros para que los hombres os muestren su seno y os descubran su orgullo sin confusión?

Mirad primero si vosotros mismos merecéis dar y ser un instrumento del dar.

Porque, en verdad, es la vida la que da a la vida, mientras que vosotros, que os creéis dadores, no sois sino testigos.

Y vosotros, los que recibís —y todos vosotros sois de ellos—, no asumáis el peso de la gratitud, si no queréis colocar un yugo sobre vosotros y sobre quien os da.

Eleváos, más bien, con el dador en su dar como en unas alas.

Porque exagerar vuestra deuda es dudar de su generosidad, que tiene el libre corazón de la tierra como madre y a Dios como padre.

El comer y el beber

Entonces, un viejo que tenía una posada dijo: Háblanos del comer y el beber.

Y él respondió:

Ojalá pudiérais vivir en la fragancia de la tierra y, como planta del aire, ser alimentados por la luz.

Pero, ya que debéis matar para comer y robar al recién nacido la leche de su madre para apagar vuestra sed, haced de ello un acto de adoración.

Y haced que vuestra mesa sea un altar en el que lo puro y lo inocente, el bosque y la pradera sean sacrificados a aquello que es más puro y aún más inocente que el hombre.

Cuando matéis un animal, decidle en vuestro corazón: «El mismo poder que te sacrifica, me sacrifica también; yo seré también destruido.

La misma ley que te entrega en mis manos me entregará a mí en manos más poderosas.

Tu sangre y mi sangre no son otra cosa que la savia que alimenta el árbol del cielo.»

Y, cuando mordáis una manzana, decidle en vuestro corazón:

«Tus semillas vivirán en mi cuerpo.

Y los botones de tu mañana florecerán en mi corazón.

Y su fragancia será mi aliento.

Y gozaremos juntos a través de todas las estaciones.»

Y, en el otoño, cuando reunáis las uvas de vuestras vides para el lagar, decid en vuestro corazón:

«Yo soy también una vid y mi fruto será llevado al lagar.

Y, como vino nuevo será guardado en vasos eternos.»

Y, en el invierno, cuando sorbáis el vino, que haya en vuestro corazón un canto para cada copa.

Y que haya en ese canto un recuerdo para los días otoñales y para la vid y para el lagar.

El trabajo

Entonces, dijo el labrador: Háblanos del trabajo.

Y él respondió, diciendo:

Trabajáis para seguir el ritmo de la tierra y del alma de la tierra.

Porque estar ocioso es convertirse en un extraño en medio de las estaciones y salirse de la procesión de la vida, que marcha en amistad y sumisión orgullosa hacia el infinito.

Cuando trabajáis, sois una flauta a través de cuyo corazón el murmullo de las horas se convierte en música.

¿Cuál de vosotros querrá ser una caña silenciosa y muda cuando todo canta al unísono?

Se os ha dicho siempre que el trabajo es una maldición y la labor una desgracia.

Pero yo os digo que, al trabajar realizáis una parte del más lejano sueño de la tierra, asignada a vosotros cuando ese sueño fue engendrado.

Y, trabajando, estáis, en realidad, amando a la vida.

Y amarla, a través del trabajo, es estar muy cerca del más recóndito secreto de la vida.

Pero si, en vuestro dolor, llamáis al nacer una aflicción y al soportar la carne una maldición escrita en vuestra frente, yo os responderé que nada más que el sudor de vuestra frente lavará lo que está escrito.

Se os ha dicho también que la vida es oscuridad y, en vuestra fatiga, os hacéis eco de la voz del fatigado.

Y yo os digo que la vida es, en verdad, oscuridad cuando no hay un impulso.

Y todo impulso es ciego cuando no hay conocimiento.

Y todo saber es vano cuando no hay trabajo.

Y todo trabajo es vacío cuando no hay amor.

Y cuando trabajáis con amor, os unís, con vosotros mismos, y con los otros, y con Dios.

¿Y qué es trabajar con amor?

Es tejer la tela con hilos extraídos de vuestro corazón, como si vuestro amado fuese a usar esa tela.

Es construir una casa con afecto, como si vuestro amado fuese a habitar en ella.

Es plantar semillas con ternura y cosechar con gozo, como si vuestro amado fuese a gozar del fruto.

Es infundir en todas las cosas que hacéis el aliento de vuestro propio espíritu.

Y saber que todos los muertos benditos se hallan ante vosotros observando.

He oído a menudo decir, como si fuera en sueños: «El que trabaja en mármol y encuentra la forma de su propia alma en la piedra es más noble que el que labra la tierra.»

«Aquel que se apodera del arco iris para colocarlo en una tela transformada en la imagen de un hombre es más que el que hace las sandalias para nuestros pies.»

Pero, yo digo, no en sueños, sino en la vigilia del mediodía, que el viento no habla más dulcemente a los robles gigantes que a la menor de las hojas de la hierba.

Y solamente es grande el que cambia la voz del viento en una canción, hecha más dulce por su propio amor.

El trabajo es el amor hecho visible.

Y si no podéis trabajar con amor, sino solamente con disgusto, es mejor que dejéis vuestra tarea y os sentéis a la puerta del templo y recibáis limosna de los que trabajan gozosamente.

Porque, si horneáis el pan con indiferencia estáis horneando un pan amargo que no calma más que a medias el hambre del hombre.

Y si refunfuñáis al apretar las uvas, vuestro murmurar destila un veneno en el vino.

Y si cantáis, aunque fuera como los ángeles, y no amáis el cantar, estáis ensordeciendo los oídos de los hombres para las voces del día y las voces de la noche.

La alegría y el dolor

Entonces, dijo una mujer: Háblanos de la alegría y el dolor.

Y él respondió:

Vuestra alegría es vuestro dolor sin máscara.

Y la misma fuente de donde brota vuestra risa fue muchas veces llenada con vuestras lágrimas.

Y ¿cómo puede ser de otro modo?

Mientras más profundo cave el dolor en vuestro corazón, más alegría podréis contener.

¿No es la copa que guarda vuestro vino la misma copa que estuvo fundiéndose en el horno del alfarero?

¿Y no es el laúd que apacigua vuestro espíritu la misma madera que fue tallada con cuchillos?

Cuando estéis contentos, mirad en el fondo de vuestro corazón, y encontraréis que es solamente lo que os produjo dolor, lo que os da alegría.

Cuando estéis tristes, mirad de nuevo en vuestro corazón y veréis que estáis llorando, en verdad, por lo que fue vuestro deleite.

Algunos de vosotros decís: «La alegría es superior al dolor» y otros: «No, el dolor es más grande».

Pero yo os digo que son inseparables.

Vienen juntos y, cuando uno de ellos se sienta con vosotros a vuestra mesa, recordad que el otro está durmiendo en vuestro lecho.

En verdad, estáis suspensos, como fiel de balanza, entre vuestra alegría y vuestro dolor.

Sólo cuando vacíos estáis quietos y equilibrados.

Cuando el tesorero os levanta para pesar su oro y su plata, es necesario que vuestra alegría o vuestro dolor suban o bajen.

Las casas

Un albañil, entonces, se adelantó y dijo: Háblanos de las casas.

Y él respondió, diciendo:

Levantad con vuestra imaginación una enramada en el bosque antes que una casa dentro de las murallas de la ciudad.

Porque, así como tendréis huéspedes en vuestro crepúsculo, así el peregrino en vosotros tenderá siempre hacia la distancia y la soledad.

Vuestra casa es vuestro cuerpo grande.

Crece en el sol y duerme en la quietud de la noche, y sueña.

¿No es cierto que sueña? ¿Y que, al soñar, deja la ciudad por el bosque o la colina?

¡Cómo me gustaría juntar vuestras casas en mi mano y, como un sembrador, esparcirlas por el bosque y la pradera!

Los valles serían vuestras calles y los senderos verdes las alamedas, y os buscaríais el uno al otro a través de los viñedos para volver con la fragancia de la tierra en las vestiduras.

Pero todo eso no puede ser aún.

En su miedo, vuestros antecesores os pusieron demasiado juntos. Y ese miedo, durará aún un poco. Por un tiempo aún los muros de vuestra ciudad separarán vuestro corazón de vuestros campos.

Y, decidme, pueblo de Orfalese, ¿qué tenéis en esas casas? ¿Y qué guardáis con puertas y candados?

¿Tenéis paz, el quieto empuje que revela vuestro poder?

¿Tenéis remembranzas, los arcos lucientes que unen las cumbres del espíritu?

¿Tenéis belleza, que guía el corazón desde las casas de madera y piedra hechas, hasta la montaña sagrada?

Decidme, ¿las tenéis en vuestras casas?

¿O tenéis solamente comodidad y el ansia de comodidad, esa cosa furtiva que entra a una casa como un huésped y luego se convierte en dueño y después en amo y señor?

¡Ay! y termina siendo un domador y, con látigo y garfio, juega con vuestros mayores deseos.

Aunque sus manos sean sedosas, su corazón es férreo.

Arrulla vuestro sueño solamente para colocarse al lado de vuestro lecho y escarnecer la dignidad del cuerpo.

Hace mofa de vuestros sentidos y los echa en el cardal como frágiles vasos.

En verdad os digo que el ansia de comodidad mata la pasión del alma y luego camina haciendo muecas en el funeral.

Pero vosotros, criaturas del espacio, vosotros, inquietos en la quietud, no seréis atrapados o domados.

Vuestra casa no será un ancla, sino un mástil.

No será la cinta brillante que cubre una herida, sino el párpado que protege el ojo.

No plegaréis vuestras alas para poder pasar por sus puertas, ni agacharéis la cabeza para que no toque su techo, ni temeréis respirar por miedo a que sus paredes se rajen o derrumben.

No viviréis en tumbas hechas por los muertos para los vivos y, aunque magnificente y esplendorosa, vuestra casa no se adueñará de vuestro secreto, ni encerrará vuestro anhelo.

Porque lo que en vosotros es ilimitado habita en la mansión del cielo, cuya puerta es la niebla de la mañana y cuyas ventanas son las canciones y los silencios de la noche.

El vestir

Y un tejedor dijo: Háblanos del vestir.

Y él respondió, diciendo:

Vuestra ropa esconde mucho de vuestra belleza y, sin embargo, no cubre lo que no es bello.

Y aunque buscáis en el vestir el sentiros libres en vuestra intimidad, podéis hallar en él un arnés y una cadena.

¡Cómo pudiérais enfrentar al sol y el viento con más de vuestra piel y menos de vuestro ropaje!

Porque el aliento de la vida está en la luz del sol y la mano de la vida en el viento.

Algunos de vosotros decís: «Es el viento del norte el que ha tejido las ropas que usamos».

Y yo digo: ¡Ay! Fue el viento del norte.

Pero fue la vergüenza su telar y la debilidad de carácter dio sus hilos.

Y, cuando terminó su trabajo, rió el bosque.

No os olvidéis que el pudor no es protección contra los ojos del impuro.

Y, cuando el impuro no exista más ¿qué será del pudor sino los grillos y la impureza de la mente?

Y no olvidéis que la tierra goza al sentir vuestros pies desnudos y los vientos anhelan jugar con vuestros cabellos.

El comprar y el vender

Y un mercader dijo: Háblanos del comprar y el vender.

Y él respondió:

La tierra os entrega sus frutos y vosotros no conoceréis necesidad si sabéis solamente cómo llenaros las manos.

Es en el intercambio de los dones de la tierra donde encontraréis abundancia y seréis satisfechos.

Pero, a menos que ese intercambio sea hecho con amor y bondadosa justicia, llevará a algunos a la codicia y a otros al hambre.

Cuando, en el mercado, vosotros trabajadores del mar y los campos y los viñedos, encontréis a los tejedores y alfareros y vendedores de especies, invocad al espíritu guía de la tierra para que vaya en medio de vosotros y santifique las medidas y para que pese al valor de acuerdo con el valor.

Y no permitáis que el de las manos estériles, el que quiere venderos sus palabras al precio de vuestra labor, intervenga en vuestras transacciones.

A ese hombre deberéis decirle:

«Ven con nosotros a los campos o ve con nuestros hermanos a la mar y arroja tu red: que la tierra y el mar serán espléndidos para ti como lo son para nosotros.»

Y, si vienen los cantores y los bailarines y los tañidores de caramillo, comprad de sus dones.

Porque ellos son también cosechadores de frutos e incienso y lo que ellos traen, aunque hecho de sueño, es ropaje y alimento para vuestro espíritu.

Y, antes de abandonar el mercado, ved que nadie se marche con las manos vacías, porque el espíritu señor de la tierra no dormirá en paz sobre los vientos hasta que las necesidades del último de vosotros sean satisfechas.

El crimen y el castigo

Entonces, uno de los jueces de la ciudad se adelantó y dijo: Háblanos del crimen y el castigo.

Y él respondió, diciendo:

Es cuando vuestro espíritu va vagando en el viento, que vosotros, solos y sin guardia, cometéis una falta para con los demás y, por lo tanto, para con vosotros mismos.

Y, por tal falta cometida, debéis llamar a la puerta del bienaventurado y esperar por un momento.

Como el océano es vuestro dios personal, no conoce los caminos del topo ni busca los agujeros de la serpiente.

Pero vuestro dios personal no habita sólo en vuestro ser; mucho en vosotros es aún hombre, y mucho en vosotros no es hombre todavía, sino un pigmeo informe que camina dormido en la niebla, en busca de su propio despertar.

Y del hombre en vosotros quiero yo hablar ahora.

Porque es él y no vuestro Dios personal ni el pigmeo en la niebla el que conoce el crimen y el castigo del crimen.

A menudo os he oído hablar de aquel que comete una falta como si no fuera uno de vosotros, sino un extraño y un intruso en vuestro mundo.

Pero yo os digo que, así como el santo y el justo no pueden elevarse más allá de lo más alto que existe en cada uno de vosotros, así el débil y el malvado no pueden caer más bajo que lo más bajo que está también en vosotros.

Y, así como una sola hoja no se vuelve amarilla sino con

el silencioso conocimiento del árbol todo, así el que falta no puede hacerlo sin la voluntad oculta de todos vosotros.

Como una procesión marcháis juntos hacia vuestro Dios personal.

Sois el camino y sois los caminantes.

Y, cuando uno de vosotros cae, cae para que los que le siguen no tropiecen en la misma piedra.

¡Ay! Y cae por los que le precedieron, por aquellos que, siendo de paso más rápido y seguro, no removieron, sin embargo, la piedra del camino.

Y aunque las palabras pesen duramente sobre vuestros corazones: el asesinado no es irresponsable de su propia muerte.

Y el robado no es libre de culpa al ser robado.

El justo no es inocente de los hechos del malvado.

Y el de las manos blancas no está limpio de lo que el felón hace.

Sí; el reo es, muchas veces, la víctima del injuriado. Y, aún más a menudo, el condenado es el que lleva la carga del inocente.

No podéis separar el justo del injusto ni el bueno del malvado.

Porque ellos se hallan juntos ante la faz del sol, así como el hilo blanco y el negro están entretejidos.

Y, cuando el hilo negro se rompe el tejedor debe examinar toda la tela y examinar también el telar.

Si alguno de vosotros trajera a juicio a la mujer infiel, haced que pesen también el corazón de su marido en la balanza y midan su alma con medidas.

Y haced que aquel que azotaría al ofensor mire en el espíritu del ofendido.

Y, si alguno de vosotros castigara en nombre de lo bueno y lo malo, sepa que lo fructífero y lo estéril están juntos y entrelazados en el silente corazón de la tierra.

Y, vosotros, jueces, que debéis ser justos…

¿Qué juicio pronunciaríais sobre aquel que, aunque honesto en la carne, fuera un ladrón en espíritu?

¿Qué pena impondríais al que destruye la carne y es él mismo destruido en el espíritu?

Y ¿cómo juzgaríais a aquel que es, en acción, un opresor y un falso, pero es que, sin embargo, también agraviado y ultrajado?

¿Y cómo castigaríais a aquellos cuyo remordimiento es ya mayor que su falta?

¿No es el remordimiento la justicia administrada por la ley misma que desearíais servir?

Sin embargo, no podréis cargar al inocente de remordimiento, ni librar de él el corazón del culpable.

Vendrá el remordimiento espontáneamente en la noche para que los hombres se despierten y se contemplen a sí mismos.

Y vosotros, que pretendéis entender de justicia, ¿cómo podréis hacerlo si no miráis todos los hechos en la plenitud de la luz?

Sólo así sabréis que el erecto y el caído no son sino un solo hombre, de pie en el crepúsculo, entre la noche de su yo pigmeo y el día de su dios personal.

Y que la coronación del templo no es más alta que la piedra más baja de sus cimientos.

Las leyes

Dijo, entonces, un abogado. Pero, ¿qué nos decís de nuestras leyes, maestro?

Y él respondió:

Os deleitáis dictando leyes.

Y, no obstante, gozáis más violándolas.

Como los niños que juegan a la orilla del océano y levantan, con constancia, torres de arena y, con risas, las destruyen luego.

Pero, mientras construís vuestras torres, el océano trae más arena a la playa.

Y, cuando las destruís, el océano ríe con vosotros.

En verdad, el océano ríe siempre con el inocente.

Pero, ¿aquellos para quienes la vida no es un océano y las leyes de los hombres no son castillos de arena,

sino para quienes la vida es una roca y la ley un cincel con el que la tallarían a su gusto?

¿Qué del lisiado que odia a los que danzan?

¿Qué del buey que ama a su yugo y juzga al alce y el ciervo del bosque como descarriados y vagabundos?

¿Y la vieja serpiente, que no puede librarse de su piel y llama a todos los demás desnudos y desvergonzados?

¿Y de aquél que llegó temprano a la fiesta de bodas y, cuando está cansado y harto, se aleja diciendo que todas las fiestas son inmorales y los concurrentes violadores de la ley?

¿Qué diré de ellos sino que están también a la luz del sol, pero dando al sol la espalda?

Ven sólo sus sombras, y sus sombras son sus leyes.

¿Y qué es el sol para ellos, sino algo que produce sombras?

¿Y qué es el reconocer las leyes, sino el encorvarse y rastrear sus sombras sobre la tierra?

Pero a vosotros, que camináis mirando al sol, ¿qué imágenes dibujadas en la tierra pueden conteneros?

Y si vosotros viajáis con el viento, ¿qué veleta dirigirá vuestro andar?

¿Qué ley humana os atará si rompéis vuestro yugo lejos de la puerta de las prisiones de los hombres?

¿Y quién es el que os llevará a juicio si desgarráis vuestro vestido, pero no lo dejáis en el camino?

Pueblo de Orfalese, podéis cubrir el tambor y podéis aflojar las cuerdas de la lira, pero ¿quién ordenará a la alondra del cielo que no cante?

La libertad

Y un orador dijo: Háblanos de la libertad.

Y él respondió:

A las puertas de la ciudad y a la lumbre de vuestro hogar yo os he visto postraros y adorar a vuestra propia libertad.

Así como los esclavos se humillan ante un tirano y lo alaban aun cuando los mata.

¡Ay! En el jardín del templo y a la sombra de la ciudadela he visto a los más libres de vosotros usar su libertad como un yugo y un dogal.

Y el corazón sangró en mi pecho porque sólo podéis ser libres cuando aún el deseo de perseguir la libertad sea un arnés para vosotros, y cuando dejéis de hablar de la libertad como una meta y una realización,

Seréis, en verdad libres, no cuando vuestros días estén libres de cuidado ni vuestras noches de necesidad y pena, sino, más bien, cuando esas cosas rodeen vuestra vida y, sin embargo, os elevéis sobre ellas desnudos y sin ataduras.

Y, ¿cómo os elevaréis más allá de vuestros días y vuestras noches a menos que rompáis las cadenas que, en el amanecer de vuestro entendimiento, atasteis alrededor de vuestro mediodía?

En verdad, eso que llamáis libertad es la más fuerte de esas cadenas, a pesar de que sus eslabones brillen al sol y deslumbren vuestros ojos.

¿Y que sino fragmentos de vuestro propio yo desecharéis para poder ser libres?

Si es una ley injusta la que deseáis abolir, esa ley fue escrita con vuestra propia mano sobre vuestra propia frente.

No podéis borrarla quemando vuestros Códigos ni lavando la frente de vuestros jueces, aunque vaciéis el mar sobre ella.

Y, si es un déspota el que queréis destronar, ved primero que su trono, erigido dentro de vosotros, sea destruido.

Porque, ¿cómo puede un tirano mandar a los libres y a los dignos sino a través de una tiranía en su propia libertad y una vergüenza en su propio orgullo?

Y si es una pena lo que queréis desechar, esa pena fue escogida por vosotros más que impuesta a vosotros.

Y si es un miedo el que queréis disipar, la sede de ese miedo está en vuestro corazón y no en la mano del ser temido.

En verdad, todas las cosas se mueven en vosotros como luces y sombras apareadas.

Y, cuando la sombra se desvanece y no existe más, la luz que queda se hace sombra en otra luz.

Y, así, vuestra libertad, cuando pierde sus grillos, se convierte ella misma en el grillo de una libertad mayor.

La razón y la pasión

Y la sacerdotisa habló de nuevo: Háblanos de la razón y de la pasión.

Y él respondió, diciendo:

Vuestra alma es, a veces, un campo de batalla sobre el que vuestra razón y vuestro juicio contra vuestra pasión y vuestro apetito.

Desearía poder ser el pacificador de vuestra alma y cambiar la discordia y la rivalidad de vuestros elementos en unidad y melodía. Pero, ¿cómo lo haré a menos que vosotros mismos seáis también los pacificadores, no, los amigos, de todos vuestros elementos?

Vuestra razón y vuestra pasión son el timón y las velas de vuestra alma viajera.

Si vuestras velas o vuestro timón se rompieran, no podríais más que agitaros e ir a la deriva o permanecer inmóviles en medio del mar. Porque la razón, gobernando sola, es una fuerza limitadora, y la pasión, desgobernada, es una llama que se quema hasta su propia destrucción.

Por lo tanto, haced que vuestra alma exalte a vuestra razón a la altura de la pasión, para que cante.

Y dirigid vuestra pasión con el razonamiento, para que ella pueda vivir a través de su diaria resurrección y, como el ave fénix, se eleve de sus propias cenizas.

Desearía que consideráseis vuestro propio juicio y vuestro apetito como dos queridos huéspedes.

No honraríais, con seguridad, a uno más que al otro:

porque quien es más atento con uno de ellos pierde el amor y la fe de ambos.

Entre las colinas, cuando os sentéis a la sombra fresca de los álamos, compartiendo la paz y la serenidad de los campos y praderas distantes, dejad que vuestro corazón diga en silencio: «Dios descansa en la razón».

Y, cuando llegue la tormenta y el viento poderoso sacuda el bosque y los truenos y relámpagos proclamen la majestad del cielo, dejad a vuestro corazón decir sobrecogido: «Dios se mueve en la pasión».

Y, ya que sois un soplo en la esfera de Dios y una hoja en el bosque de Dios deberíais descansar en la razón y moveros en la pasión.

El dolor

Y una mujer pidió: Háblanos del dolor.

Y él dijo:

Vuestro dolor es la ruptura de la celda que encierra vuestra comprensión.

Así como la semilla de la fruta debe romperse para que su corazón se muestre al sol, debéis vosotros conocer el dolor.

Y, si pudiérais mantener vuestro corazón maravillado ante los diarios milagros de la vida, vuestro dolor no os parecería menos prodigioso que vuestra alegría.

Y aceptarais las estaciones de vuestro corazón así como habéis aceptado siempre las estaciones que pasan sobre vuestros campos.

Y esperarais con serenidad a través de los inviernos de vuestra pena.

Mucho de vuestro dolor es elegido por vosotros mismos.

Es la porción amarga con la que el médico que hay dentro de vosotros cura vuestro ser enfermo.

Por tanto, confiad en el médico y bebed el remedio en silencio y tranquilidad,

porque su mano, aunque dura y pesada, guiada está por la tierna mano del invisible.

Y el vaso con que brinda, aunque queme vuestros labios, ha sido moldeado de la arcilla que el Alfarero ha humedecido con sus propias lágrimas sagradas.

El conocimiento

Y un hombre dijo, entonces: Háblanos del conocimiento propio.

Y él respondió:

Vuestros corazones saben, en silencio, los secretos de los días y las noches.

Pero vuestros oídos padecen por el sonido del conocimiento de vuestro corazón.

Querríais saber, en palabras, lo que siempre supísteis en pensamiento: querríais tocar con vuestras manos el cuerpo desnudo de vuestros sueños.

Y es bueno que lo hicierais.

El manantial escondido de vuestra alma necesita brotar y correr murmurando hacia el mar; y el tesoro de vuestros infinitos arcanos sería revelado a vuestros ojos.

Pero no pongáis balanzas para pesar vuestro tesoro desconocido.

Y no registréis los arcanos de vuestro conocimiento con palos ni sondas.

Porque el yo es un mar inconmensurable.

No digáis: «He hallado la verdad», sino más bien: «He hallado una verdad».

No digáis: «He encontrado el alma caminando en mi senda», porque el alma camina sobre todas las sendas.

El alma no camina en línea recta, ni crece como un bambú.

El alma se despliega como un loto de innumerables pétalos.

El enseñar

Dijo, entonces, un maestro: Háblanos del enseñar.

Y él respondió:

Nadie puede revelarnos más de lo que reposa ya dormido a medias en el alba de nuestro conocimiento.

El maestro que camina a la sombra del templo, en medio de sus discípulos, no les da su sabiduría, sino, más bien, su fe y su afecto.

Si él es sabio de verdad, no os pedirá que entréis en la casa de su sabiduría, sino que os guiará, más bien, hasta el umbral de vuestro propio espíritu.

El astrónomo puede hablaros de su comprensión del espacio, pero no puede daros ese conocimiento.

El músico puede entonaros el ritmo que existe en todo ámbito, pero no puede daros el oído que tiene el ritmo ni la voz que le hace eco. Y el que es versado en la ciencia de los números puede hablaros de las regiones del peso y la medida, pero no puede conduciros a ellas. Porque la visión de un hombre no presta sus alas a otro hombre.

Y, así como cada uno de vosotros se halla solo ante el conocimiento de Dios, así debe cada uno de vosotros estar solo en su comprensión de Dios y en su conocimiento de la tierra.

La amistad

Un joven dijo: Háblanos de la amistad.
Y él respondió:

Vuestro amigo es la respuesta a vuestras necesidades.

Él es el campo que plantáis con amor y cosecháis con agradecimiento.

Y él es vuestra mesa y vuestro hogar.

Porque vosotros vais hacia él con vuestro hambre y lo buscáis con sed de paz.

Cuando vuestro amigo os hable francamente, no temáis vuestro propio «no» ni detengáis el «sí».

Y cuando él esté callado, que no cese vuestro corazón de oír su corazón; porque sin palabras, en amistad, todos los pensamientos, todos los deseos, todas las esperanzas nacen y se comparten en espontánea alegría.

Cuando os separéis de un amigo, no sufráis; porque lo que más amáis en él se aclarará en su ausencia, como la montaña es más clara desde el llano para el montañés.

Y no permitáis más propósito en la amistad que el ahondamiento del espíritu, porque el amor que no busca más que la aclaración de su propio misterio, no es amor sino una red lanzada; y solamente lo inútil es cogido.

Y haced que lo mejor de vosotros sea para vuestro amigo.

Si él ha de conocer el menguante de vuestra marea, que conozca también su creciente.

Porque ¿qué amigo es el que buscaréis para matar las horas?

Buscadlo siempre para vivir las horas.

Porque él está para llenar vuestra necesidad, no vuestro vacío.

Y en la dulzura de la amistad, dejad que hayan risas y placeres compartidos,

porque en el rocío de las cosas pequeñas el corazón encuentra su mañana y se refresca.

El hablar

Y un erudito dijo: Dinos del hablar.

Y él respondió:

Habláis cuando cesáis de estar en paz con vuestros pensamientos; y, cuando no podéis morar más en la soledad de vuestro corazón, vivís en vuestros labios y el sonido es una diversión y un pasatiempo.

Y en mucho de vuestro hablar el pensamiento es a medias asesinado,

Porque el pensamiento es un pájaro del espacio que, en una jaula de palabras, puede, en verdad, abrir las alas, pero no puede volar.

Algunos hay entre vosotros que buscan al hablador por miedo a estar solos.

El silencio de la soledad revela ante sus ojos su yo desnudo y desean escapar.

Y hay quienes hablan y, sin conocimiento ni premeditación, revelan una verdad que no comprenden ellos mismos.

Y hay quienes tienen la verdad pero no la dicen en palabras.

Cuando encontréis a vuestro amigo a la vera del camino o en el mercado, dejad que el espíritu en vosotros mueva vuestros labios y dirija vuestra lengua.

Que la voz en vuestra voz hable al oído en su oído: porque su alma guardará la verdad de vuestro corazón, como el sabor del vino es recordado, cuando el dolor se olvidó y el vaso ya no existe.

El tiempo

Y un astrónomo dijo: Maestro, ¿y el tiempo?

Y él respondió:

Mediríais el tiempo, lo inconmensurable.

Ajustaríais vuestra conducta y aun dirigiríais la ruta de vuestro espíritu de acuerdo con las horas y las estaciones.

Del tiempo haríais una corriente a cuya orilla os sentaríais a observarla rodar.

Sin embargo, lo eterno en vosotros es consciente de la eternidad de la vida.

Y saber que el ayer es sólo la memoria del hoy y el mañana es el ensueño del hoy.

Y aquello que canta y medita en vosotros mora aún en los límites de aquel primer momento que esparció las estrellas en el espacio.

¿Quién de entre vosotros no siente que su capacidad de amar es ilimitada?

Y, a pesar de ello, ¿quién no siente ese mismo amor, aunque sin límites, rodeado en el centro de su ser y no moviéndose sino de un pensamiento de amor a otro pensamiento de amor, ni de un acto de amor a otro acto de amor? ¿Y no es el tiempo, como es el amor, indivisible y sin etapas?

Pero si, en vuestro pensamiento, debéis medir el tiempo en estaciones, que cada estación encierre todas las otras estaciones.

Y que el hoy abrace al pasado con nostalgia y al futuro con esperanza.

Lo bueno y lo malo

Y uno de los más viejos de la ciudad dijo: Háblanos de lo bueno y de lo malo.

Y él respondió:

Puedo hablar de lo bueno en vosotros, no de lo malo.

Porque, ¿qué es lo malo sino lo bueno torturado por su propia hambre y su propia sed?

En verdad, cuando lo bueno está hambriento, busca alimento aun en cavernas oscuras y, cuando está sediento, bebe hasta de las aguas muertas.

Sois bueno cuando sois uno con vosotros mismos.

Sin embargo, cuando no lo sois, no sois malos.

Porque una casa desunida no es un antro de ladrones, es sólo una casa desunida.

Y un barco sin timón puede vagar sin rumbo entre islotes peligrosos y no hundirse hasta el fondo.

Sois buenos cuando os esforzáis en dar de vosotros mismos.

Sin embargo, no sois malos cuando buscáis ganar para vosotros.

Porque, cuando lucháis por obtener no sois más que una raíz que se prende a la tierra y succiona su seno.

Seguramente la fruta no puede decir a la raíz: «Sé como yo, madura y plena y dando siempre de tu abundancia».

Porque para la fruta el dar es una necesidad, como el recibir es una necesidad para la raíz.

Sois buenos cuando estáis completamente despiertos en vuestro discurso.

Sin embargo, no sois malos cuando dormís mientras vuestra lengua titubea sin propósito.

Y hasta un vacilante hablar puede fortalecer una lengua débil.

Sois buenos cuando camináis hacia vuestra meta firmemente y con pasos audaces.

No sois, empero, malos cuando vais hacia ella cojeando.

Aun aquellos que cojean no retroceden.

Pero vosotros que sois fuertes y veloces, cuidaos de no cojear delante del lisiado, imaginando que eso es bondad.

Sois buenos en incontables modos y no sois malos cuando no sois buenos.

Sois solamente indolentes y haraganes.

Es una lástima que los ciervos no puedan enseñar velocidad a las tortugas.

En vuestro anhelo por vuestro yo gigante reposa vuestra grandeza y ese anhelo se encuentra en todos vosotros.

Pero en algunos de vosotros esa ansia es un torrente que corre con fuerza hacia el mar, llevando los secretos de las colinas y las canciones de los bosques.

Y en otros es un hilo de agua que se pierde en ángulos y curvas y se consume antes de alcanzar la playa.

Pero, no dejemos que el que mucho anhela le diga al que anhela poco: «¿Por qué eres tan lento y te detienes tanto?»

Porque el que es verdaderamente bueno no pregunta al desnudo «¿Dónde están tus vestidos?» ni al desamparado «¿Qué ha ocurrido con tu casa?»

La oración

Entonces, una sacerdotisa dijo: Háblanos de la oración.

Y él respondió:

Oráis en vuestra pena y en vuestra necesidad; deberíais también hacerlo en la plenitud de vuestra alegría y en vuestros días de abundancia.

Porque ¿qué es la oración sino el expandirse de vuestro ser en el éter viviente?

Y si es para vuestra paz que volcáis vuestra oscuridad en el espacio, es también para vuestro deleite el derramar el amanecer de vuestro corazón.

Y, si no podéis sino llorar cuando vuestra alma os llama a la oración, ella os enjugará una vez y otra aún llorando hasta que encontréis la risa.

Cuando oráis, os eleváis para hallar en lo alto a los que en ese mismo momento están orando y a quienes no encontraríais sino en la oración.

Por lo tanto, que vuestra visita a ese invisible templo no sea más que éxtasis y dulce comunión.

Porque, si entrarais al templo solamente a pedir, no recibiréis: y si entrarais aun a pedir por el bien de los otros, no seréis oídos.

Es suficiente que entréis en el templo invisible.

No puedo enseñaros cómo orar con palabras.

Dios no oye vuestras palabras sino cuando Él Mismo las pronuncia a través de vuestros labios.

Y yo no puedo enseñaros la oración de los mares y los bosques y las montañas.

Pero vosotros, nacidos de las montañas, los bosques y los mares, podéis hallar su plegaria en vuestro corazón.

Y si solamente escucháis en la quietud de la noche, les oiréis diciendo, en silencio:

«Nuestro Señor, que eres nuestro ser alado, es Tu voluntad la que quiere en nosotros.

Es Tu deseo, en nosotros el que desea.

Es Tu impulso el que, en nosotros, cambia nuestras noches, que son Tuyas, en días, que son Tuyos también.

No podemos pedirte nada porque Tú conoces nuestras necesidades antes de que nazcan en nuestro ser:

Tú eres nuestra necesidad y dándonos más a Ti, nos lo das todo.»

El placer

Entonces, un ermitaño, que visitaba la ciudad anualmente, se adelantó y dijo: Háblanos del placer.

Y él respondió, diciendo:

El placer es una canción de libertad, pero no es libertad.

Es el florecer de vuestros deseos, pero no su fruto.

Es una llamada de la profundidad a la altura, pero no es lo profundo ni lo alto.

Es lo enjaulado que toma alas, pero no es el espacio confinado.

¡Ay! en verdad verdadera, el placer es una canción de libertad.

Y yo desearía, que la cantárais con plenitud de corazón, pero no que perdiérais el corazón en el canto.

Algunos jóvenes entre vosotros buscan el placer como si lo fuese todo y son juzgados por ello y censurados.

Yo no los juzgaría ni censuraría. Los dejaría buscarlo.

Porque encontrarán el placer, pero no lo encontrarán solo; siete son sus hermanas y la peor de ellas es más hermosa que el placer.

¿No habéis oído del hombre que escarbaba la tierra buscando raíces y encontró un tesoro?

Y algunos mayores entre vosotros recuerdan los placeres con arrepentimiento, como faltas cometidas en la embriaguez.

Pero el arrepentimiento es el nublarse de la mente y no su castigo.

Deberían ellos recordar sus placeres con gratitud, como lo harían de la cosecha de un verano.

Sin embargo, si los conforta el arrepentirse, dejad que se arrepientan.

Y algunos hay, entre vosotros, que no son ni jóvenes para buscar, ni viejos para recordar.

Y, en su miedo a buscar y recordar, huyen de todos los placeres para no olvidar el espíritu u ofenderlo.

Pero esa renuncia misma es su placer.

Y, así, ellos también encuentran un tesoro, escarbando con manos temblorosas para buscar raíces.

Pero, decidme, ¿quién es el que puede ofender al espíritu?

¿Ofende el ruiseñor la quietud de la noche o la luciérnaga ofende a las estrellas?

Y ¿molestan al viento vuestro fuego o vuestro humo?

¿Creéis que es el espíritu un estanque quieto que podéis enturbiar con un bastón?

A menudo, al negaros placer, no hacéis otra cosa que guardar el deseo en los recovecos de vuestro ser.

¿Quién no sabe que lo que parece omitido, aguarda el mañana?

Aún vuestro cuerpo sabe de su justa necesidad y no será engañado.

Y vuestro cuerpo es el arpa de vuestra alma.

Y sois vosotros los que podéis sacar de él música o confusos sonidos.

Y ahora vosotros preguntáis en vuestro corazón: «¿Cómo distinguiremos lo que es bueno de lo que no es bueno en el placer?»

Id a vuestros campos y a vuestros jardines y aprenderéis que el placer de la abeja es reunir miel de las flores.

Pero es también el placer de la flor el ceder su miel a la abeja.

Porque, para la abeja, una flor es fuente de vida.

Y, para la flor, una abeja es un mensajero de amor.

Y para ambos, abejas y flor, el dar y el recibir placer son una necesidad y un éxtasis.

Pueblo de Orfalese, sed en vuestros placeres como las abejas y las flores.

La belleza

Y un poeta dijo: Háblanos de la belleza.

Y él respondió:

¿Dónde buscaréis la belleza y cómo haréis para encontrarla a menos que ella misma sea vuestro camino y vuestro guía?

¿Y cómo hablaréis de ella, a menos que ella misma teja vuestro hablar?

El agraviado y el injuriado dicen: «La belleza es gentil y buena, camina entre nosotros como una madre joven, casi avergonzada de su propia gloria.»

Y el apasionado dice: «No, la belleza es cosa de poder y temor, como una tempestad, sacude la tierra bajo nuestros pies y el cielo sobre nosotros.»

El cansado y rendido dice: «La belleza es hecha de blandos murmullos. Habla en nuestro espíritu.

Su voz se rinde a nuestros silencios como una débil luz que se estremece de miedo a las sombras.»

Pero el inquieto dice: «La hemos oído dar voces entre las montañas.

Y, con sus voces, se oyó rodar de cascos y batir de alas y rugir de leones.»

Durante la noche, los serenos de la ciudad dicen: «La belleza vendrá del este, con el alba».

Y, al mediodía, los trabajadores y los viajeros dicen: «La hemos visto inclinarse sobre la tierra desde las ventanas del atardecer».

En el invierno, dice el que se halla entre la nieve: «Vendrá con la primavera, saltando sobre las colinas».

Y, en el calor del verano, los cosechadores dicen: «La vimos danzando con las hojas de otoño y tenía un torbellino de nieve en su pelo».

Todas estas cosas habéis dicho de la belleza.

Pero, en verdad, hablasteis, no de ella, sino de vuestras necesidades insatisfechas.

Y la belleza no es una necesidad, sino un éxtasis.

No es una sedienta boca, ni una vacía mano extendida.

Sino, más bien, un corazón ardiente y un alma encantada: no es la imagen que véis, ni la canción que oís.

Sino, más bien, una imagen que veis cerrando los ojos y una canción que oís tapándoos los oídos.

No es la savia que corre debajo de la rugosa corteza, ni el ala prendida a una garra.

Sino, más bien, un jardín eternamente en flor y una bandada de ángeles en vuelo eternamente.

Pueblo de Orfalese, la belleza es la vida, cuando la vida descubre su sagrado rostro.

Pero vosotros sois la vida y vosotros sois el velo.

La belleza es la eternidad que se contempla a sí misma en un espejo.

Pero vosotros sois la eternidad y vosotros sois el espejo.

La religión

Y un viejo sacerdote dijo: Háblanos de la religión.

Y él respondió:

¿Acaso he hablado hoy de otra cosa?

¿No son todos los actos y todas las reflexiones, religión?

¿Y aun aquello que no es acto ni pensamiento, sino un milagro y una sorpresa brotando siempre en el alma, aun cuando las manos pican la piedra o atienden el telar?

¿Quién puede separar su fe de sus acciones o sus creencias de sus ocupaciones?

¿Quién puede desplegar sus horas ante sí mismo diciendo: «Esto para Dios y esto para mí, esto para mi alma y esto para mi cuerpo?»

Todas nuestras horas son alas que baten a través del espacio de persona a persona.

El que usa su moralidad como su más bella vestidura mejor estaría desnudo.

El sol y el viento no desgarrarían su piel.

Y aquel que define su conducta por medio de normas, apresará su pájaro cantor en una jaula.

El canto más libre no sale detrás de alambres ni barrotes.

Y aquel para quien la adoración es una ventana que puede abrirse, pero también cerrarse, no ha visitado aún la mansión de su espíritu cuyas ventanas se extienden desde el alba hasta el alba.

Vuestra vida de todos los días es vuestro templo y vuestra religión.

Cada vez que en él entréis llevad con vosotros todo lo que tenéis.

Llevad el arado y la fragua, el martillo y el laúd.

Las cosas que habéis hecho por gusto o por necesidad.

Porque en recuerdos no podéis elevaros por encima de vuestras obras ni caer más bajo que vuestros fracasos.

Y llevad con vosotros a todos los hombres.

Porque en la adoración no podéis volar más alto que sus esperanzas ni humillaros más bajo que su desesperación.

Y si llegáis a conocer a Dios, no os convirtáis en aclaradores de enigmas.

Mirad más bien alrededor de vosotros y lo veréis jugando con vuestros hijos.

Y mirad hacia el espacio: lo veréis caminando en la nube, desplegando sus brazos en el rayo y descendiendo en la lluvia.

Lo veréis sonriendo en las flores y elevándose luego para agitar sus manos en los árboles.

La muerte

Almitra, entonces, habló diciendo: Os preguntaríamos ahora sobre la muerte.

Y él respondió:

Desearíais saber el secreto de la muerte.

¿Pero cómo la encontraréis a menos de buscarlo en el corazón de la vida?

El mochuelo, cuyos ojos atados a la noche son ciegos en el día, no puede descubrir el misterio de la luz.

Si queréis, en verdad, contemplar el espíritu de la muerte, abrid de par en par vuestro corazón en el cuerpo de la vida.

Porque la vida y la muerte son una, así como el río y el mar son uno también.

En el arcano de vuestras esperanzas y deseos reposa vuestro conocimiento silencioso del más allá.

Y, como las semillas soñando bajo la nieve, vuestro corazón sueña con la primavera.

Confiad en los sueños, porque en ellos el camino a la eternidad está escondido.

Vuestro miedo no es más que el temblor del pastor cuando está en pie ante el rey, cuya mano va a posarse sobre él como un honor.

¿No está, acaso, contento el pastor, bajo su miedo de llevar la marca del rey?

¿No lo hace eso, sin embargo, más consciente de su temblor?

Porque, ¿qué es morir sino erguirse desnudo?

Y, ¿qué es dejar de respirar, sino el liberar el aliento de sus inquietos vaivenes para que pueda elevarse y expandirse y, ya sin trabas, buscar a Dios?

Sólo cuando bebáis el río del silencio cantaréis de verdad.

Y, cuando hayáis alcanzado la cima de la montaña, es cuando comenzaréis a ascender.

Y, cuando la tierra reclame vuestros miembros, es cuando bailaréis de verdad.

La partida

Y era ya la noche.

Y Almitra, la profetisa, dijo: Sea bendecido este día y este lugar y tu espíritu que ha hablado.

Y él respondió. ¿Fui yo el que habló? ¿No fui también uno de los que escucharon?

Descendió, entonces, las gradas del Templo y todo el pueblo lo siguió. Y él llegó a su barco y se irguió sobre el puente.

Y, mirando de nuevo a la gente, alzó la voz y dijo:

Pueblo de Orfalese: el viento me obliga a dejaros.

No tengo la prisa del viento pero debo irme.

Nosotros, los trotamundos, buscando siempre el camino más solitario, no comenzamos el día donde hemos terminado otro y no hay aurora que nos encuentre donde nos dejó el atardecer.

Somos las semillas de una planta tenaz y es en nuestra madurez y plenitud de corazón que somos dados al viento y esparcidos por doquier.

Breves fueron mis días entre vosotros y aún más breves las palabras que he dicho.

Pero, si mi voz se hace débil en vuestros oídos y mi amor se desvanece en vuestra memoria, entonces, volveré.

Y, con un corazón más rico y unos labios más dóciles al espíritu, hablaré.

Sí, he de volver con la marea.

Y, aunque la muerte me esconda y el gran silencio me envuelva, buscaré, sin embargo, nuevamente vuestra comprensión.

Y mi búsqueda no será en vano.

Si algo de lo que he dicho es verdad, esa verdad se revelará en una voz más clara y en palabras más cercanas a vuestros pensamientos.

Me voy con el viento, pueblo de Orfalese, pero no hacia la nada; y, si este día no es la realización plena de vuestras necesidades y mi amor, que sea una promesa hasta que otro día llegue.

Las necesidades del hombre cambian, pero no su amor, ni su deseo de que este amor satisfaga sus necesidades.

Sabed, pues, que desde el silencio más grande, volveré.

La niebla que se aleja en el alba, dejando solamente el rocío sobre los campos, se eleva y se hace nube para caer después en lluvia.

Y yo no he sido diferente de la niebla.

En la quietud de la noche he caminado por vuestras calles y mi espíritu entró en vuestras casas, y los latidos de vuestro corazón estuvieron en mi corazón y vuestro aliento se posó en mi cara y yo os conozco a todos.

Y, a menudo, fui entre vosotros como un lago entre montañas: reflejé vuestras cumbres y vuestras laderas y aun el pasar de vuestros pensamientos y vuestros deseos, en manadas.

Y vino a mi silencio el reír de vuestros niños en torrentes y los anhelos de vuestra juventud en ríos.

Y, cuando llegaron a lo más profundo de mi ser, los torrentes cesaron de cantar.

Pero algo más dulce aún que las risas y más grande que los anhelos llegó a mí.

Fue lo ilimitado en vosotros: el hombre inmenso del que sois apenas las células y los nervios; aquél en cuyo canto todo vuestro cantar no es más que un latido sordo.

Es en el hombre inmenso, en el que sois inmensos.

Y es al mirarlo que yo os vi y os ame.

Porque, ¿qué distancias puede alcanzar el amor que no estén en esa esfera inmensurable?

¿Qué visiones, qué presunciones pueden superar ese vuelo?

Como un roble gigante, cubierto de flores de manzano, es el hombre inmenso en vosotros.

Su poder os ata a la tierra, su fragancia os eleva en el espacio y, en su durabilidad, sois inmortales.

Se os ha dicho que, como una cadena, sois tan fuertes como vuestro más débil eslabón.

Eso es sólo una verdad a medias. Sois también tan fuertes como vuestro eslabón más fuerte.

Mediros por vuestra más pequeña acción es como calcular el poder del océano por la fragilidad de su espuma.

Juzgaros por vuestras fallas es como culpar a las estaciones por su inconstancia.

¡Ay! Sois como un océano.

Y, aunque barcos pesados esperan la marea en vuestras playas, como el océano no podéis apurar vuestras mareas.

Y, sois también como las estaciones.

Y, aunque en vuestro invierno neguéis vuestra primavera.

La primavera, reposando en vosotros, sonríe en su ensoñación y no se ofende.

No penséis que yo os hablo así para que vosotros os digáis el uno al otro: «Nos alabó. No ha visto más que lo bueno que hay en nosotros.»

Sólo os digo yo en palabras lo que vosotros mismos sabéis en pensamiento.

Vuestros pensamientos y mis palabras son ondas de una memoria sellada que guarda el registro de nuestros ayeres.

Y de los antiguos días, cuando la tierra no nos conoció ni se conoció ella misma.

Y de las noches, cuando la tierra estuvo atormentada en confusión.

Sabios vinieron a vosotros a daros de su sabiduría. Yo he venido a tomar de vuestra sabiduría.

Y he aquí que he hallado lo que es más grande que la sabiduría misma.

Es un espíritu ardiente en vosotros que junta cada vez más de él mismo.

Mientras vosotros, ausentes de su expansión, lloráis el marchitarse de vuestros días.

Es la vida en busca de vida en los cuerpos que temen la tumba.

No hay tumbas aquí.

Estas montañas y llanuras son una cuna y un peldaño.

Cada vez que paséis cerca del campo donde dejasteis a vuestros antecesores reposando, mirad bien y os veréis vosotros mismos y veréis a vuestros hijos danzando de la mano.

Otros han venido a quienes, por doradas promesas hechas a vuestra fe, habéis dado riquezas y poder y gloria.

Menos que una promesa os he dado yo y, sin embargo, habéis sido más generosos conmigo.

Me habéis dado la sed más profunda para mi vida futura.

No hay seguramente para un hombre regalo más grande que aquél que hace de todos sus anhelos unos sedientos labios y de toda su vida una fuente fresca.

Y allí mi honor y mi premio:

Que, cada vez que voy a la fuente a beber, encuentro el agua viviente sedienta ella misma;

Y ella me bebe mientras yo la bebo.

Algunos de vosotros me habéis juzgado orgulloso y exageradamente esquivo para recibir regalos.

Soy, en verdad, demasiado orgulloso para recibir salario, pero no regalos.

Y aunque he comido bayas entre las colinas, cuando hubiérais querido sentarme a vuestra mesa, y dormido en el pórtico del templo cuando me hubiérais acogido gozosamente, ¿no fue acaso vuestro cuidado amante de mis días y mis noches el que hizo la comida dulce a mi boca y ciñó con visiones mi sueño?

Yo os bendigo aún más por esto:

Vosotros dais mucho y no sabéis qué dais.

Verdaderamente, la bondad que se mira a sí misma en un espejo se convierte en piedra.

Y una buena acción que se llama a ella misma con nombres tiernos se transforma en pariente de una maldición.

Y algunos de vosotros me habéis llamado solitario y embriagado en mi propio aislamiento.

Y habéis dicho: «Consulta con los árboles del bosque, pero no con los hombres, se sienta, solitario en las cumbres de los montes y mira nuestra ciudad a sus pies.»

¿Cómo podría haberos visto sino desde una gran altura o de una gran distancia?

¿Cómo se puede estar cerca de verdad, a menos que se esté lejos?

Y otros, entre vosotros, me han llamado sin palabras, diciendo:

«Extranjero, extranjero, amante de cumbres inalcanzables, ¿por qué habitas entre las cimas, donde las águilas hacen sus nidos?

¿Por qué buscas lo insostenible?

¿Qué tormentas quieres atrapar en tu red?

¿Y qué vaporosos pájaros cazas en el cielo?

Ven y sé uno de nosotros.

Desciende y calma tu hambre con nuestro pan y apaga tu sed con nuestro vino.»

En la soledad de sus almas decían esas cosas.

Pero, si su soledad hubiera sido más profunda, hubieran sabido que lo que yo buscaba era el secreto de vuestra alegría y vuestro dolor.

Y que cazaba solamente lo más grande de vuestro ser, que camina por el cielo.

Pero el cazador también fue cazado.

Porque muchas de mis flechas dejaron mi arco solamente para buscar mi propio pecho.

Y el que volaba se arrastró también: porque, cuando mis alas se extendían al sol, su sombra sobre la tierra fue una tortuga.

Y el creyente fue también el escéptico;

porque yo he puesto a menudo mi dedo en mi propia herida para poder creer más en vosotros y conoceros mejor.

Y es con esa fe y ese conocimiento que os digo:

No estáis encerrados en vuestro cuerpo, ni confinados a vuestras casas o campos.

Aquello que en vosotros habita sobre las montañas y pasea con el viento, no es esa cosa que se arrastra bajo el sol, buscando calor, o excava agujeros en la oscuridad, buscando refugio, sino algo breve, un espíritu que envuelve la tierra y se mueve en el éter.

Si estas son palabras vagas, no busquéis aclararlas.

Vago y nebuloso es el principio de todas las cosas, pero no su fin.

Y yo desearía que me recordárais como un comienzo.

La vida, y todo lo que vive, son concebidos en la bruma y no en el cristal.

¿Y quién sabe si el cristal no es la decadencia de la bruma?

Yo desearía que recordárais esto al recordarme: aquello que parece débil y turbado en vosotros es lo más fuerte y lo más determinado.

¿No es vuestro aliento el que ha erigido y endurecido la estructura de vuestros huesos?

¿Y no es un sueño, que ninguno de vosotros recuerda haber soñado, el que edificó vuestra ciudad e hizo todo lo que en ella hay?

Si pudierais ver las mareas de ese aliento, dejaríais de ver todo lo demás.

Y, si pudiérais oír el murmullo del sueño, no oiríais ningún otro sonido.

Pero no veis ni oís, y eso está bien.

El velo que nubla vuestros ojos será levantado por las manos que lo hilaron.

Y la arcilla que llena vuestros oídos será horadada por aquellos dedos que la amasaron.

Y veréis.

Y oiréis.

Y no deploraréis, entonces, el haber conocido la ceguera, ni sentiréis haber estado sordos.

Porque ese día conoceréis el propósito escondido de todas las cosas.

Y bendeciréis la oscuridad como bendecíais la luz.

Estas cosas dichas, miró a su alrededor y vio al piloto de su nave de pie ante el timón y mirando, ora a las henchidas velas, ora a la distancia.

Y dijo:

Paciente, más que paciente, es el capitán de mi barco.

El viento sopla y las velas están inquietas. Aun el timón solicita una ruta.

Y, sin embargo, tranquilamente, mi capitán espera mi silencio.

Y esos, mis marineros, que han oído el coro del inmenso mar, tienen también que oírme pacientemente.

Pero no esperarán ahora ya.

Estoy presto.

La corriente ha llegado al mar y, una vez más, la gran madre aprieta a su hijo contra su pecho.

Adiós, pueblo de Orfalese.

Este día ha terminado.

Se está cerrando sobre nosotros como un nenúfar se cierra sobre su propio mañana.

Guardaremos lo que aquí nos ha sido dado,

Y, si no es suficiente, nos reuniremos de nuevo y juntos tenderemos nuestras manos hacia el dador.

No olvidéis que yo volveré hacia vosotros.

Un momento, no más, y mi anhelo reunirá espuma y polvo para otro cuerpo.

Un momento, un momento de descanso en el viento, y otra mujer me llevará consigo.

Adiós a vosotros y a la juventud que he pasado con vosotros.

Fue ayer que nos encontramos en mi sueño.

Habéis cantado para mí en mi soledad, y yo, de vuestras ansias, he edificado una torre en el cielo.

Pero ahora nuestro sueño se ha ido y ya no es la aurora.

El mediodía está sobre nosotros y nuestra somnolencia se ha cambiado en día pleno, y debemos separarnos.

Si en el crepúsculo del recuerdo nos encontráramos una vez más, hablaremos juntos de nuevo y me cantaréis una canción más honda.

Y, si nuestras manos se unieran en otro sueño, levantaremos otra torre en el cielo.

Diciendo así, hizo una seña a los hombres de mar e, inmediatamente, ellos levaron anclas, soltaron las amarras y se movieron hacia el este.

Y un grito nació de la gente, como de un solo corazón, y se elevó en el crepúsculo y se arrastró sobre el mar como un sonar de trompetas.

Sólo Almitra estaba silenciosa, siguiendo al barco con los ojos, hasta que se desvaneció en la niebla.

Y, cuando toda la gente se dispersó, ella estaba todavía sola sobre el muro que da al mar, recordando en su corazón lo que él dijera:

«Un momento, un momento de descanso en el viento, y otra mujer me llevará consigo.»

EL JARDÍN DEL PROFETA

(según la edición póstuma de 1933,
realizada por Barbara Young)

El regreso del Profeta

Almustafá, el elegido y bienamado, el que era amanecer de su propio día, volvió a su isla natal, en el mes de Ticrén, el mes del recuerdo.

Y su nave se acercó al puerto, mientras él permanecía en pie, en la proa, rodeado de su tripulación.

Y tenía una sensación de bienvenida en su corazón.

Habló, y el mar resonó en su voz, y dijo:

Mirad, es la isla que me vio nacer. Desde allí me lancé al mundo, con una canción y un acertijo; una canción para los cielos, y una pregunta para la tierra. Y, ¿qué hay entre el cielo y la tierra que lleve la canción y conteste la pregunta, excepto nuestra propia pasión?

El mar me arroja una vez más a estas playas. No somos sino una ola más de sus olas. Nos empuja para que seamos su voz. Pero, ¿cómo serlo, a menos que rompamos la simetría de nuestro corazón en la roca y en la arena?

Porque ésta es la ley de los marineros y del mar: si quieres ser libre, tienes que ser como la niebla. Lo informe busca desde siempre la forma, como las incontables nebulosas tienden a convertirse en soles y lunas; y nosotros, que hemos buscado tenazmente, volvemos ahora a esta isla. Hemos de convertirnos una vez más en niebla, y tenemos que aprender el principio de todas las cosas. ¿Para nacer, para vivir hay que romper y fragmentar un mundo?

Para siempre estaremos en busca de playas, para poder cantar, y que nos oigan. Pero, ¿qué decir de la ola que se rompe donde nadie puede oírla? Lo que no escuchamos en nosotros es lo que alimenta nuestro dolor más hondo. Sin embargo, también lo no escuchado, lo insólito, es lo que forma nuestra alma, para hacer nuestro destino.

Entonces, uno de sus marineros dio un paso adelante, y le dijo:

Maestro, has capitaneado nuestras ansias de llegar a este puerto, y mira: ya hemos arribado. Sin embargo, hablas de dolor y de corazones que se han de romper.

Y el Profeta respondió, diciendo:

¿No os he hablado de la libertad y de la niebla, que es nuestra mayor libertad? Sin embargo, no sin pena hago este peregrinaje a la isla en que nací, como un fantasma decapitado que nuevamente volviera a arrodillarse ante quienes lo decapitaron.

Y otro marinero habló, y dijo:

Mira a la multitud en la rada. En su silencio ha predicho el día y la hora de tu llegada, y acuden, abandonando sus tierras y viñedos, acuciados por su amorosa necesidad, para venir a esperarte.

Y Almustafá miró a lo lejos, hacia la muchedumbre, y su corazón sintió aquella ansiosa espera, y guardó silencio.

Luego, surgió un grito de la gente reunida, y fue un grito de amor y súplica.

Y el Profeta miró a sus marineros, y dijo:

¿Y qué les daré? Fui cazador en una tierra lejana. Con destreza y fuerza he lanzado las flechas de oro que me dieron, pero no he traído ninguna pieza de caza. No seguí el curso de las flechas. Acaso estén ahora brillando al sol en las plumas de águilas heridas que no caerán a tierra. Y acaso estas puntas de flechas hayan caído en las manos de aquellos que las necesitan para conseguir pan y vino.

No sé dónde ha terminado el vuelo de estas flechas, pero una cosa sí sé: han descrito su órbita en el cielo.

Y aun así, la mano del amor pesa todavía sobre mí, y vosotros, mis marineros, todavía lleváis en vuestras velas mi visión, y no seré mudo. Gritaré cuando la mano de las estaciones esté sobre mi garganta, y cantaré mis melodías cuando mis labios estén abrasados por las llamas.

Y los marineros sintieron turbación en sus corazones al hablar él de estas cosas. Y uno de ellos dijo:

Maestro, enséñanos todo lo que sabes, y es posible, puesto que tu sangre fluye en nuestras venas, y puesto que tu aliento tiene la misma fragancia que el nuestro, es posible que comprendamos.

Luego, él respondió, y el viento estaba en su voz, y dijo:

¿Me traéis a mi isla natal para que sea un maestro? Todavía no me he encerrado en la sabiduría. Demasiado joven soy, y demasiado inmaduro para hablar de otra cosa que no sea el yo interior, que por siempre es lo profundo, llamando a lo profundo.

Que aquel que busque la sabiduría la encuentre en el fondo de una copa, o en un poco de arcilla roja. Yo sigo siendo el poeta. Y seguiré cantando a la tierra, y cantaré vuestro sueño. Pero ahora, dejadme contemplar el mar.

Y ya el barco entraba en el puerto y atracaba en la rada, y así llegó el Profeta a su isla natal, y estuvo una vez más entre su propia gente. Y surgió un gran grito de los corazones que lo esperaban, así que la soledad de su regreso al hogar se estremeció dentro de él.

Y la gente permanecía silenciosa, en espera de sus palabras, pero el Profeta no les habló inmediatamente, pues la tristeza del recuerdo gravitaba sobre él, y dijo en su corazón:

¿He dicho que cantaré? No; sólo puedo abrir los labios para que la voz de la vida hable a través de mí, y salga el viento en busca de gozo y de confirmación.

Entonces, Karima, la que había jugado con él cuando eran niños, en el jardín de la madre del Profeta, habló, y dijo:

Doce años has ocultado tu rostro de nosotros, y doce años hemos padecido hambre y sed de tu voz.

Y el Profeta se quedó mirándola con indecible ternura, porque había sido ella quien le había cerrado los ojos a la madre del Profeta, cuando las blancas alas de la muerte se la llevaron.

Y él respondió, diciendo:

¿Doce años? ¿Has dicho doce años, Karima? No he medido mi anhelo con la rutilante vara del tiempo, ni he sondeado los años. Porque el amor, cuando tiene nostalgia del hogar, está más allá de la medida del tiempo, y del sondeo del tiempo.

Hay momentos que contienen eones de separación. Sin embargo, separarse no es sino una ilusión de la mente. Acaso nunca nos hayamos separado.

Y Almustafá miró al pueblo congregado, y los vio a todos: a jóvenes y a viejos, a robustos y endebles, a los de rostro curtido por el viento y el sol, y también a los pálidos; y en los rostros de todos ellos había una luz de anhelo y pregunta.

Y uno de ellos habló, y dijo:

Maestro, la Vida ha sido amarga con nuestras esperanzas y nuestros anhelos. Nuestros corazones están conturbados y no entendemos por qué. Te ruego que nos consueles, y que abras nuestras mentes al significado de nuestras penas.

Y el corazón del Profeta se sintió conmovido, lleno de compasión, y dijo:

La Vida es más vieja que todos los seres vivientes; más que la belleza antes de que ésta naciera y adquiriera alas en la Tierra; más que la Verdad, antes de que alguien la dijera.

La Vida canta en nuestros silencios, y sueña cuando dormitamos. E incluso cuando estamos abatidos y rebajados, la Vida está en su trono, y muy alta. Y cuando lloramos, la Vida sonríe a la luz del sol, y es libre hasta cuando arrastramos nuestras cadenas.

A menudo damos a la Vida nombres amargos, pero sólo cuando nosotros mismos estamos amargados y oscuros. Y la consideramos vacía e inútil, pero sólo cuando nuestra alma vaga por sitios desolados, y cuando el corazón está ebrio de sí mismo.

La Vida es profunda, y alta, y distante; y aunque sólo vuestra más amplia visión puede ver sus pies, la Vida está cerca; y aunque sólo el aliento de vuestro aliento llega a su corazón, la sombra de vuestra sombra cruza su rostro; y el eco de vuestro más tenue grito se convierte, en su pecho, en una primavera y en un otoño.

Y la Vida está velada y oculta, así como vuestro ego superior está oculto y velado. Sin embargo, cuando la Vida habla todos los vientos se tornan palabras; y cuando vuelve a hablar, las sonrisas de vuestros labios y las lágrimas de vuestros ojos también se convierten en palabras. Cuando la Vida canta, los sordos oyen, y se quedan extasiados; y cuando la Vida llega caminando, los ciegos la contemplan; se asombran, y la siguen, maravillados, atónitos.

Y Almustafá dejó de hablar, y un vasto silencio reinó en el pueblo congregado; y en ese silencio vibraba un canto nunca oído, y se consolaron todos de su soledad y de su pena.

Interludio

Y Almustafá se marchó en seguida, y siguió el sendero que conducía a su jardín, que había sido el jardín de su madre y de su padre, y en donde dormían el sueño eterno, ellos y sus mayores.

Y algunos querían seguirlo, viendo que era una reunión de bienvenida, y que el Profeta estaba solo, pues no quedaba ningún pariente suyo que preparara el banquete de bienvenida, según la costumbre de su pueblo.

Pero el capitán de su nave los aconsejó, diciendo:

Dejad que se vaya solo. Porque su pan es el pan de la soledad, y su copa está llena del vino del recuerdo, que desea beber a solas.

Y los marineros se detuvieron, pues sabían que así era, tal como se lo había dicho el capitán. Y todos los que se habían reunido en la rada tuvieron que contener los pasos de sus deseos.

Sólo Karima siguió al Profeta, de lejos, suspirando por la soledad de Almustafá, y por sus recuerdos. Y la mujer no habló, sino que, al cabo de un rato, se volvió y se fue a su propia casa, y en el jardín, bajo el almendro, lloró, sin saber el porqué.

La nación

Y Almustafá llegó al jardín de sus padres, y entró en él, y cerró la reja, para que nadie lo siguiera.

Y durante cuarenta días y cuarenta noches vivió solo en aquella casa y en aquel jardín, y nadie fue a verlo en ese tiempo; nadie se acercó a la reja, pues permanecía cerrada, y toda la gente sabía que Almustafá deseaba estar solo.

Y al cabo de esos cuarenta días con sus noches, él abrió la reja, para que pudieran ir a verlo.

Y acudieron nueve hombres a acompañarlo en el jardín; tres marineros de su barco, tres que habían servido en el templo y tres que habían sido sus compañeros de juegos cuando eran niños. Y estos nueve eran sus discípulos.

Y una mañana, sus discípulos sentáronse en torno de él, y había distancias y remembranzas en los ojos del Profeta. Y el discípulo de nombre Hafiz le dijo:

Maestro, cuéntame de la ciudad de Orfalese y de la tierra que pisaste allí esos doce años.

Y Almustafá guardó silencio un momento, y miró hacia las colinas y hacia el vasto éter, y había una batalla en su silencio.

Luego, dijo:

Amigos míos y compañeros de ruta, compadeced a la nación que está llena de creencias y vacía de religión.

Tened piedad de la nación que lleva vestidos que no teje ella misma, que come un pan cuyo trigo no cosecha y que bebe un vino que no mana de sus propios lagares.

Compadeced a la nación que aclama a un fanfarrón

como a un héroe, y que considera bondadoso al oropelesco y despiadado conquistador.

Compadeced a la nación que desprecia las pasiones cuando duerme, pero que, al despertar, se somete a ellas.

Compadeced a la nación que no eleva la voz más que cuando camina en un funeral, que no se enorgullece sino de sus ruinas, y que no se rebela sino cuando su cuello está colocado entre la espada y el zoquete de madera.

Compadeced a la nación cuyo estadista es un zorro, cuyo filósofo es un prestidigitador y cuyo arte es un arte de remedos y gesticulaciones imitadoras.

Compadeced a la nación que da la bienvenida a su nuevo gobernante con fanfarrias y lo despide con gritos destemplados, para luego recibir con más fanfarrias a otro nuevo gobernante.

Compadeced a la nación cuyos sabios están aniquilados por los años, y cuyos hombres fuertes aún están en la cuna.

Compadeced a la nación dividida en fragmentos, cada uno de los cuales se considera una nación.

Sueños y primaveras

Y uno de sus discípulos dijo: Háblanos de lo que alienta en tu corazón, en este mismo instante.

Y el Profeta miró profundamente a ese discípulo suyo, y hubo en su voz un sonido como de estrella que canta, y le dijo:

En vuestro sueño despierto, cuando estáis absortos, escuchando a vuestro más profundo yo, vuestros pensamientos, como copos de nieve, caen, vibran y engalanan todos los sonidos de vuestros espacios con blanco silencio.

Y, ¿qué son los sueños despiertos, si no nubes que brotan como capullos, y florecen en el árbol del cielo de vuestro corazón? Y, ¿qué son vuestros pensamientos, si no pétalos que los vientos de vuestro corazón esparcen en las colinas y los campos?

Y aunque anheléis la paz, hasta que lo informe en vosotros cobre forma, así la nube se acumulará y vagará por los cielos, hasta que los Dedos Benditos moldeen los grises anhelos en pequeños cristales que serán soles, y lunas, y estrellas.

Luego, Sarkis, aquel que era a medias escéptico, habló, y dijo:

Pero vendrá la primavera, y todas las nieves de vuestros pensamientos se derretirán, y ya no serán nada.

Y el Profeta replicó:

Cuando llegue la Primavera buscando a su amado entre las somnolientas arboledas y entre los sueños, ciertamente las nieves se derretirán, y correrán en arroyos a buscar al río del valle, para ser coperos de los mirtos y el lirio.

Así se derretirá la nieve de vuestro corazón cuando llegue la primavera, y así correrá vuestro secreto en arroyos que buscarán al río de la Vida, en el valle. Y el río llevará vuestro secreto, y lo llevarán al anchuroso mar.

Todas las cosas se derretirán y se transformarán en cantos, cuando llegue la primavera. Hasta las estrellas, esos grandes copos de nieve que caen lentamente en los campos más vastos, se derretirán para formar arroyos cantarinos. Cuando el Sol de Su rostro surja del más vasto horizonte, ¿qué simetría congelada no se transformará en melopea líquida? Y entonces, ¿quién de vosotros no querrá ser el copero del mirto y el lirio?

Fue ayer, apenas, cuando estabais vagando en el ancho mar, y erais seres sin playas y sin ego. Después, el viento soplo de la Vida os tejió, como velo de luz en su rostro; luego, su mano os reunió y os dio forma, y con la cabeza erguida buscasteis las alturas. Pero el mar siguió con vosotros, y aún mora su canto en vosotros. Y aunque hayáis olvidado quién fue vuestra primera madre, el vasto mar afirmará para siempre, en vosotros, su maternidad, y eternamente os llamará a su seno.

En nuestro vagar por las montañas y el desierto siempre recordaréis la profundidad de su frío corazón. Y aunque a menudo no sepáis por qué anheláis, o por qué sentís ansias, sin duda alguna tenéis nostalgia de su vasta y rítmica paz.

Y, ¿cómo podría ser de otro modo? En las arboledas y en los matorrales, cuando la lluvia danza en hojas en las colinas, cuando cae la nieve, como bendición y alianza, en el valle, cuando conducís vuestros ganados al río; en vuestros campos, cuando los hilos de plata de los arroyos nacen junto al verde tramado de la tierra; en vuestros jardines, cuando el rocío tempranero refleja los cielos; en vuestros prados cuando la niebla de la noche casi os oculta el camino... En todo esto, el vasto mar está con vosotros, testigo de vuestro legado, y objeto de vuestro amor.

Es el copo de nieve, en vosotros, que corre hacia el vasto mar.

Las distancias

Y una mañana, mientras el Profeta y sus discípulos paseaban por el jardín, apareció ante la reja una mujer, y era Karima, aquella a quien Almustafá había amado como a una hermana en su niñez. Y Karima permaneció en pie, afuera, sin pedir nada, sin siquiera tocar la reja, sino atisbando, con nostalgia y tristeza, hacia el jardín.

Y Almustafá vio el anhelo en los párpados de Karima, y con rápido paso llegó a la cerca y la reja, y la abrió para que entrara, y ella entró, y fue bien recibida.

Y Karima habló, y dijo:

¿Dónde te has ocultado de nosotros, para que no vivamos en la luz de tu presencia? Pues, mira: todos estos largos años te hemos amado y hemos anhelado que tornaras sano y salvo. Y ahora la gente pide a gritos verte y hablar contigo; y soy su mensajera para venir a buscarte, y para pedirte que aparezcas ante el pueblo y le expreses tu sabiduría, y para que consueles a los afligidos e instruyas a los ignorantes.

Y, mirándola, Almustafá le dijo:

No me llames sabio, a menos que llames sabios a todos los hombres. Soy fruto inmaduro que aún cuelga de la rama, y apenas ayer no era sino un capullo.

Y no llames a nadie tonto ni ignorante, porque en verdad no somos ni sabios ni ignorantes. Somos hojas verdes en el árbol de la Vida, y la Vida misma está más allá de la sabiduría, y seguramente más allá de nuestra ignorancia.

Y ¿en verdad me he alejado de vosotros? ¿No sabéis que no hay más distancia que la que el alma no abarca con la imaginación? Y que cuando el alma recorre esa distancia se transforma en ritmo del alma.

El espacio que hay entre vosotros y vuestro vecino más indiferente es sin duda mayor que el que hay entre vosotros y vuestro ser más querido, que mora más allá de las siete tierras y los siete mares.

Porque en el recuerdo no hay distancias; y sólo en el olvido hay un abismo que ni vuestra voz ni vuestra mirada pueden atravesar.

Entre las playas de los océanos y la cima de la más alta montaña hay un camino secreto que necesitáis recorrer, si queréis ser uno con los hijos de la tierra.

Y entre vuestro conocimiento y vuestra comprensión hay una senda secreta que tenéis que descubrir, si queréis ser uno con el hombre y, por ende, con vuestro propio ego.

Entre vuestra mano derecha, que da, y vuestra mano izquierda, que recibe, hay un gran espacio. Sólo haciendo que una y otra mano dé y reciba a la vez, podréis anular la distancia que las separa, pues sólo sabiendo que no tenéis nada que dar, y que no tenéis nada que recibir, podréis anular el vacío.

En verdad, la más vasta distancia es la que existe entre vuestra visión en sueños y vuestra vigilia; y la que existe entre lo que sólo es un acto, y lo que es un deseo.

Y hay aún otra senda que tenéis que recorrer si queréis ser uno con la Vida. Pero de esa senda no os hablaré ahora, pues veo que ya estáis cansados de viajar.

El Profeta reencuentra su pueblo

Luego, Almustafá y la mujer, acompañados de los nueve discípulos, fueron hasta el mercado, y el Profeta habló al pueblo, a sus amigos y a sus vecinos, y había alegría en sus corazones y en sus ojos.

Y dijo Almustafá:

Crecéis en sueños, y vivís vuestra vida más rica mientras dormís. Por ello, todos vuestros días debierais pasarlos dando gracias por lo que habéis recibido en el silencio de la noche.

A menudo pensáis en la noche y habláis de ella como si fuera la estación del reposo, pero, en verdad, la noche es la estación de la búsqueda y el encuentro.

El día os da el poder del conocimiento y enseña a vuestros dedos a ser diestros en el arte de recibir; pero es la noche la que os conduce a la casa de tesoros de la Vida.

El Sol enseña a todo lo que crece el anhelo por la luz. Pero es la noche la que las eleva hacia las estrellas.

En verdad es el silencio y la quietud de la noche lo que teje un velo nupcial sobre los árboles del bosque y sobre las flores del jardín; y luego prepara el lujoso banquete y prepara la alcoba nupcial; y en ese santo silencio se concibe el mañana, en el útero del tiempo.

Así sucede con vosotros, y así, buscáis y encontráis alimento y plenitud. Y aunque al alba el despertar borre vuestros recuerdos, la mesa de los sueños siempre está dispuesta y la alcoba nupcial siempre está esperando.

Y el Profeta guardó silencio un rato, y ellos también, en espera de sus palabras. Luego, volvió a hablar y dijo:

Sois espíritus, aunque alentéis en cuerpos, y, como aceite que arde en la oscuridad, sois llamas, aunque estéis presos en lámparas.

Si no fuerais más que cuerpos, comparecer ante vosotros y hablaros sería vano, como si un muerto llamara a los muertos. Pero no es así. Todo lo que hay de inmortal en vosotros es libre de noche y de día, y no puede albergarse en ninguna casa, ni marchitarse, porque tal es la voluntad del Altísimo. Sois Su aliento, y sois como el viento, que no puede capturarse, ni enjaularse. Y yo también soy el viento de Su aliento.

Y caminó entre ellos con paso rápido, y volvió a entrar en su jardín.

Y Sarkis, aquel que era escéptico a medias, habló, y dijo:

¿Y qué nos dices de la fealdad, maestro? Tú nunca hablas de la fealdad.

Y Almustafá le contestó, había un látigo en sus palabras:

Amigo mío, ¿qué hombre puede tacharte de inhospitalario si pasa de largo por tu puerta y no toca para que le abras?

Y, ¿quién te considerará sordo y descortés si te habla en una lengua extraña de la que no entiendes nada?

¿No es eso que nunca has querido alcanzar, en cuyo corazón no has deseado entrar, no es eso lo que consideras la fealdad?

Ciertamente, si la fealdad es algo, es la telaraña que tenemos ante los ojos y la cera que tapona nuestros oídos.

El tiempo

Y un día, mientras departían sentados a las largas sombras de los blancos chopos, uno de los discípulos les dijo:

Maestro, me inspira temor el tiempo. Pasa sobre nosotros y nos roba la juventud. Y, ¿qué nos da a cambio?

Y el Profeta le contestó:

Toma un puñado de buena tierra. ¿Encuentras en ella una semilla, acaso un gusano? Si tu mano fuera lo suficientemente espaciosa y paciente la semilla podría convertirse en bosque, y el gusano en una bandada de ángeles. Y no olvides que los años, que transforman las semillas en bosques y los gusanos en ángeles, pertenecen a este ahora; todos los años son de este mismo ahora.

Y, ¿qué son las estaciones de los años, salvo vuestros pensamientos en cambio constante? La primavera es un despertar en vuestro pecho, y el verano sólo es el reconocimiento de vuestra fecundidad. ¿No es el otoño lo antiguo que hay en vosotros, cantando una canción de cuna a lo que aún es niño en vuestro ser? Y, ¿qué es el invierno? —os pregunto—, sino un sueño, pletórico de los sueños de las demás estaciones.

Y luego, Mannus, el discípulo inquisitivo, miró en torno de sí y vio plantas en flor enredándose en el sicomoro. Y dijo:

Mira los parásitos, maestro. ¿Qué nos dices de ellos? Son ladrones de ojos siniestros que roban la luz a los laboriosos hijos del sol y que medran con la savia que corre por sus ramas y sus hojas.

Y el Profeta le contestó:

Amigo mío, todos somos parásitos. Nosotros, los que trabajamos para que el suelo fértil se convierta en vida pulsante, no somos mejores que los que reciben la vida directamente del suelo abonado, sin saber que la reciben del suelo.

¿Dirá una madre a su hijo: Te devuelvo al bosque, que es tu madre mayor, pues gastas mi corazón y mi mano?

¿O rechazará el cantor su propia canción, diciendo: Vuelve ahora a la cueva de los ecos de donde viniste, porque tu voz consume mi aliento?

¿Y dirá el pastor a sus ovejas: No tengo pastos adonde llevaros a pacer; por lo tanto, que os degüellen, y que seáis un sacrificio para esta causa?

No, amigo mío; todas estas cosas tienen una respuesta obvia, y, como vuestros sueños, se colman cuando estáis dormidos.

Vivimos unos de otros, según la Ley antigua e intemporal. Vivamos así, con amorosa bondad. Nos buscamos unos a otros en nuestra sociedad, y caminamos por los caminos cuando no disponemos de un hogar a cuya vera sentarnos.

Amigos míos, hermanos míos, el camino más anchuroso es vuestro prójimo.

Estas palabras que viven del árbol succionan la leche de la tierra en la dulce calma de la noche, y la tierra, en su tranquilo sueño, succiona los pechos del sol.

Y el sol, como vosotros, como yo, como todo ser y toda cosa, se sienta con igual honor en el banquete del Príncipe cuya puerta siempre permanece abierta, y cuya mesa siempre está dispuesta.

Mannus, amigo mío, todo lo que es vive siempre de todo lo que es; y todo lo que existe vive confiado, sin playas limitantes, de la magnanimidad del Altísimo.

Y una mañana, cuando el cielo aún estaba pálido a la luz de la aurora, caminaron juntos por el jardín y miraron hacia el Oriente, y permanecieron silenciosos ante la salida del sol.

Y al cabo de un rato, Almustafá señaló con el dedo, y dijo:

La imagen del sol matinal en una gota de rocío no es menos que el sol. El reflejo de la vida en vuestra alma no es menos que la vida.

La gota de rocío refleja la luz porque es una con la luz, y vosotros reflejáis la vida porque vosotros y la vida sois una misma cosa.

Cuando la oscuridad os envuelva, decid: «Esta oscuridad es una aurora que todavía no nace; y aunque la acción de la noche pese sobre mí, la aurora volverá a nacer en mí, así como nace en las montañas».

La gota de rocío que redondea su esfera en la penumbra del lirio no es diferente a vosotros, que redondeáis vuestra alma en el corazón de Dios.

¿Acaso diría la gota de rocío: «Sólo una vez cada mil años soy una gota de rocío?» Hablad vosotros, y responded: «¿No sabes que la luz de todos los años está brillando en tu esfera?»

La soledad

Una noche, una gran tormenta visitó aquel sitio, y Almustafá y sus discípulos, los nueve, entraron en la casa y sentáronse ante la chimenea encendida. Y estaban tranquilos y silenciosos.

Luego, uno de sus discípulos dijo:

Estoy solo, maestro, y los cascos de las horas golpean pesadamente en mi pecho.

Y Almustafá se puso en pie en medio de ellos y dijo, con una voz que era como el sonido del viento fuerte:

¡Solo! ¿Y qué con ello? Solos habéis venido al mundo y solos pasaréis a formar parte de la niebla.

Por tanto, bebed vuestra copa a solas y en silencio. Los días del otoño han dado a otros labios otras copas, y las han llenado de vino amargo y dulce, así como han llenado vuestra copa.

Bebed vuestra copa a solas, aunque os sepa a vuestra propia sangre y a vuestras propias lágrimas, y alabad a la vida por el don de la sed. Porque sin la sed vuestro corazón no es sino la playa desolada, sin cantos y sin mareas.

Bebed vuestra copa a solas y bebedla con exclamaciones de alegría.

Alzadla muy por encima de vuestra cabeza y bebed de un solo trago, a la salud de quienes beben a solas.

Una vez busqué la compañía de los hombres y me senté con ellos a sus mesas de banquete y bebí mucho con ellos; pero su vino no se me subió a la cabeza, ni fluyó hasta mi pecho. Sólo bajó hasta mis pies. Mi sabiduría se quedó seca y mi corazón permaneció encerrado y sellado. Solamente mis pies los acompañaron en medio de su niebla.

Y no volví a buscar la compañía de los hombres ni a beber vino con ellos sentado a sus mesas.

Por tanto, yo os digo que, aunque los cascos de las horas golpeen pesadamente en vuestro pecho, ¿qué con ello? Bien está que bebáis vuestra copa de tristeza a solas, y vuestra copa de alegría también la beberéis a solas.

Las piedras

Y un día, mientras Fardous, el griego, estaba caminando por el jardín, tropezó con una piedra y montó en cólera. Y se volvió y recogió la piedra diciendo en voz baja:

¡Oh cosa muerta que te has atravesado en mi camino! —y arrojó lejos la piedra.

Y Almustafá, el elegido y el bienamado dijo:

¿Por qué dices: «¡Oh cosa muerta?» ¿Has estado tanto tiempo aquí, en este jardín, y no sabes que aquí nada está muerto? Todas las cosas viven y resplandecen en el conocimiento del día y la majestad de la noche. Tú y la piedra sois uno; la única diferencia está en los latidos del corazón. Pensarás, amigo mío, que tu corazón late un poco más de prisa. Sí; pero no está tan tranquilo como el de la piedra.

El ritmo de la piedra acaso sea otro ritmo, pero yo te digo que si sondeas las profundidades de tu alma y mides las alturas del espacio, no oirás más que una melodía, y que en esa melodía la piedra y la estrella cantan, una con otra, al unísono perfecto.

Si mis palabras no llegan a tu entendimiento, no importa; ya será en otra aurora. Si has lanzado una maldición a esta piedra porque en tu ceguera has tropezado con ella, entonces maldecirías a una estrella si tu cabeza se golpeara en ella, en el cielo. Pero día llegará en que reunirás piedras y estrellas, como el niño que reúne los lirios del valle, y entonces sabrás que todas estas cosas son vivientes y fragantes.

Dios

Y el primer día de la semana, cuando llegaban a sus oídos los sonidos de las campanas del templo, uno de sus discípulos habló y dijo:

Maestro, por aquí oímos mucho hablar de Dios. ¿Qué nos dices de Dios y quién es Él, en realidad?

Y el Profeta se puso en pie frente a ellos como un árbol joven, sin miedo a los vientos y a la tempestad, y contestó:

Pensad ahora, compañeros míos y amados amigos míos, en un corazón que contiene a todos vuestros corazones; en un amor que abarca todos vuestros amores; en un espíritu que envuelve a todos vuestros espíritus; en una voz que cubre a todas vuestras voces, y en un silencio más profundo que todos vuestros silencios, e intemporal.

Tratad ahora de percibir en lo más profundo de vuestro yo una belleza más encantadora que todas las cosas bellas; un canto más vasto que los cantos del mar y el bosque; una majestad sentada en un trono junto al cual Orión no es sino una tarima, y que ase un cetro en el que las Pléyades no son sino el resplandor de unas gotas de rocío.

Lo único que habéis buscado siempre es sólo alimento y techo, un vestido y un báculo; buscad ahora a Aquel que no es ni un objetivo para vuestras flechas ni una cueva de piedra para protegeros de los elementos.

Y aun si mis palabras son una roca y un enigma, buscad para que vuestros corazones se abran, y para que vuestras preguntas puedan llevaros al amor y a la sabiduría del Altísimo, aquel a quien los hombres llaman Dios.

Y los discípulos permanecieron silenciosos y había perplejidad en sus corazones; y Almustafá sintió compasión de ellos, y los miró con ternura, y dijo:

Ahora, no hablemos ya de Dios Padre. Hablemos, mejor, de los dioses, es decir, de vuestros vecinos y de vuestros hermanos, de los elementos que se agitan alrededor de vuestras casas y en vuestros campos.

Os gustaría elevaros hasta las nubes y las consideraríais altas; y os gustaría pasar sobre el vasto mar, y a esto le llamaríais distancia. Pero yo os digo que, cuando sembráis una semilla en la tierra, alcanzáis una altura mayor; y que cuando elogiáis la belleza de la mañana y saludáis a vuestro vecino, cruzáis un mar mayor.

A menudo cantáis a Dios, el Infinito, y sin embargo, en realidad no oís la canción. Quisiera yo que escucharais a las aves canoras, y a las hojas que abandonan la rama al pasar el viento, y no olvidéis, amigos míos, que estas hojas sólo cantan cuando están separadas de la rama.

Nuevamente os conjuro a que no habléis tanto de Dios, que es vuestro Todo, sino que tratéis de hablar de vosotros, y de comprenderos unos a otros, vecinos a vecinos, de dios a dios.

Porque, ¿quién dará alimento a los polluelos que están en el nido, si el ave madre vuela por los cielos? ¿Y qué anémona de los campos será fecundada, a menos que se una a ella una abeja procedente de otra anémona?

Es sólo cuando estáis perdidos en vuestro pequeño yo cuando buscáis el cielo al que llamáis Dios. Quisiera yo que encontrarais caminos hacia vuestros egos más vastos; que fueseis menos perezosos y pavimentarais los caminos…

Marineros míos y amigos míos, sería más sensato hablar menos de Dios, al que no podemos comprender, y que habláramos más de unos y otros, de nosotros mismos, a los que acaso podamos comprender. Sin embargo, por ahora quisiera que comprendiérais que somos el aliento y la fragancia de Dios. Somos Dios, en la hoja, en la flor y, a veces, en el fruto.

Las vestiduras

Y una mañana, cuando el sol estaba en lo alto, uno de sus discípulos, uno de los tres que habían jugado con él cuando eran niños, se acerco a él y le dijo:

Maestro, mi ropa está muy usada y no tengo otra que ponerme. Dame permiso para ir al mercado y regatear con los mercaderes; acaso consiga por buen precio otra vestidura.

Y Almustafá miró a aquel joven, y dijo:

Dame tu vestido viejo.— Y el joven así lo hizo, y permaneció en pie, desnudo, a la luz del día.

Y Almustafá dijo, con voz de joven corcel que cabalgara por un camino:

Solamente los desnudos viven a la luz del sol. Solamente los sencillos y sin artificios cabalgan en el aire. Y sólo quien se extravía mil veces tendrá una bienvenida, al regresar a su hogar.

Los ángeles están cansados de los astutos. Y apenas ayer un ángel me dijo: «Hemos creado el infierno para los que resplandecen con galas. ¿Qué otra cosa, aparte del fuego, puede borrar el brillo de una superficie y fundir algo hasta su núcleo mismo?»

Y yo le dije: «Pero, al crear el infierno, habéis creado también demonios, para gobernarlo». Pero el ángel me replicó: «No; el infierno está gobernado por los que no se someten al fuego».

¡Ángel sabio, en verdad! Conoce la manera de ser de los hombres y a los hombres a medias. Es uno de los serafines que acuden a aconsejar a los profetas cuando a éstos los tientan los astutos. Y sin duda alguna sonríen los serafines cuando sonríen los profetas, y también lloran cuando los profetas lloran.

Amigos míos y marineros míos, sólo los desnudos viven a la luz del sol. Solamente los que no tienen timón pueden lanzar su velero en el mar mayor. Sólo quien está oscuro en la noche puede despertar con la aurora, y sólo quien duerme con las raíces bajo la nieve llegará a ver la primavera.

Porque vosotros sois como raíces, y como raíces, sois simples, pero tenéis la sabiduría de la tierra. Y sois silenciosos, pero tenéis en vuestro interior ramas aún no nacidas en que murmura el coro de los cuatro vientos.

Sois frágiles e informes, pero sois el principio de gigantescos robles, y del esbozado perfil de los sauces que se recortan contra el cielo.

Una vez más os digo que no sois sino raíces entre el oscuro suelo de la tierra y los viajeros cielos. Y a menudo os he visto levantaros para danzar a la luz, pero también os he visto tímidos. Pues todas las raíces son tímidas. Han escondido sus corazones tanto tiempo, que no saben qué hacer con sus corazones.

Pero volverá Mayo, y Mayo es una virgen inquieta, de la que nacerán, renovadas, las montañas y las llanuras.

El ser

Y uno de los que habían servido en el templo le pidió: Enséñanos, maestro, para que nuestras palabras sean, como las tuyas, un canto y un incienso para la gente.

Y Almustafá respondió:

Te levantarás por encima de tus palabras, pero tu senda seguirá siendo un ritmo y una fragancia; un ritmo para los amantes, y para todos los que son amados, y una fragancia para los que quieran vivir en un jardín.

Pero te alzarás por encima de tus palabras hasta una cima en que cae polvo de estrellas, y abrirás las manos, hasta que se llenen de polvo de estrellas; y te echarás a dormir, y dormirás como un blanco polluelo en su nido, y soñarás con tu mañana, como las blancas violetas sueñan con la primavera.

Sí; e irás más profundamente que tus palabras. Buscarás las fuentes originarias de los arroyos, y serás una oculta cueva donde morarán los ecos de las tenues voces de profundidades que ni siquiera podéis oír.

Irás más profundamente que tus palabras, más profundo que todos los sonidos, sí, hasta el corazón mismo de la Tierra, y allí estarás solo con Aquel que también camina sobre la Vía Láctea.

Y al cabo de un rato, otro de sus discípulos le preguntó: Maestro, háblanos del ser. ¿Qué significa el ser?

Y Almustafá le dedicó una larga mirada de amor. Y se puso en pie, y dio unos pasos, a cierta distancia de ellos; luego, regresó y dijo:

En este jardín yacen mi padre y mi madre, enterrados por las manos de los vivientes; y en este jardín yacen enterradas las semillas del año pasado, traídas aquí en alas del viento. Mil veces serán enterrados aquí mi madre y mi padre, y mil veces el viento enterrará semillas; y dentro de mil años, vosotros y yo y estas flores nos reuniremos en este jardín, como ahora, y seremos, con nuestro mismo amor por la vida, y seremos, soñando en el espacio, y seremos, alzándonos hacia el sol.

Pero ahora, ser es ser sabios, mas no ajenos a los insensatos, es ser fuertes, mas no insensibles a los errores del débil; es jugar con vuestros niños, pero no como padres, sino como compañeros de juego, dispuestos a aprender sus juegos.

Ser es ser simples, afables con los ancianos y las ancianas, y sentarse con ellos a la sombra de sus antiguos robles, aunque todavía estéis caminando con la Primavera.

Es buscar al poeta, aunque esté vivo más allá de siete ríos, y estar en paz en su presencia, sin querer nada, sin dudar de nada, y sin preguntas en vuestros labios.

Es saber que el santo y el pecador son hermanos gemelos, cuyo padre es nuestro Magnánimo Rey, y que aquél nació en instantes antes que el otro, por lo que lo consideramos como el Príncipe Coronado.

Ser es seguir a la Belleza, aunque os conduzca al borde del precipicio, y aunque ella es alada, y vosotros no, y aunque vaya más allá del borde del precipicio, seguidla; porque donde no hay Belleza, no hay nada.

Ser es estar en un jardín de tapias, en un viñedo sin guardián, en una casa de tesoros siempre abierta a los transeúntes.

Es ser robado, engañado, decepcionado y, ¡ay!, incluso ser conducido a una trampa, y tener que soportar las burlas del burlador, y, sin embargo, mirar desde las alturas del yo superior y sonreír, sabiendo que hay una Primavera que acudirá a vuestro jardín para danzar con vuestras hojas, y un Otoño que hará madurar vuestras vides; sabiendo que si una sola de vuestras ventanas está abierta hacia el Oriente, nunca estaréis vacíos; sabiendo que todos aquellos a quienes se considera ladrones y malhechores, engañadores y burladores, son vuestros hermanos en necesidad, y que acaso vosotros mismos sois como todos éstos, a los ojos de los benditos habitantes de la Ciudad Invisible, que se erige por encima de esta ciudad.

Y oídme, vosotros, cuyas manos modelan y encuentran todas las cosas que se necesitan para la comodidad de nuestros días y de nuestras noches:

Ser es ser un tejedor con dedos que ven, un constructor consciente de la luz y el espacio; es ser un labrador y sentir que se está escondiendo un tesoro en cada semilla que se siembra; es ser un pescador y un cazador con piedad por el pez y la bestia, pero con mayor piedad por los hambrientos y por las necesidades del hombre.

Y, más que nada, os digo esto: quisiera que todos y cada uno de vosotros fuerais partícipes del propósito de cada hombre, pues sólo así podréis esperar el logro de vuestro buen propósito.

Compañeros y amados amigos míos, sed osados, y no débiles, sed espaciosos, y no confinados; y hasta mi hora final, y hasta vuestra hora final, sed verdaderamente vuestro ego más vasto.

Y dejó de hablar, y una gran tristeza se apoderó de los nueve discípulos, y sus corazones se alejaron del Profeta, pues no entendieron las palabras que acababa de pronunciar.

Y he aquí que los tres hombres que eran marineros sintieron nostalgias del mar; y que los que habían servido en el templo ansiaron las consolaciones del santuario; y que los que habían sido sus compañeros desearon marcharse al mercado. Todos estaban sordos a las palabras del Profeta, así que los sonidos de esas palabras volvieron a él, como fatigados pájaros sin nido en busca de refugio.

Y Almustafá se apartó de ellos y caminó un trecho por su jardín, sin decir nada, y sin mirarlos.

Y los nueve discípulos empezaron a razonar entre sí, y a buscar excusas para sus ansias de marcharse.

Y he aquí que todos dieron media vuelta y tornaron a los lugares de donde procedían de manera que, Almustafá el elegido y bienamado, quedó completamente solo.

El fruto maduro

Y cuando la noche cayó, Almustafá caminó hasta la tumba de su madre y se sentó bajo el cedro que allí crecía. Y acudió la sombra de una gran luz sobre el cielo, y el jardín resplandeció como una hermosa joya en el pecho de la tierra.

Y Almustafá exclamó en la soledad de su espíritu:

Gran peso gravita sobre mi alma con su propio fruto maduro. ¿Quién vendrá y tomará de él y se satisfará? ¿No hay nadie que haya ayunado, y que sea de corazón bondadoso y generoso para venir a romper su ayuno en mis primeras ofrendas al sol y liberarme así del peso de mi propia abundancia?

Mi alma está pletórica del vino de las edades. ¿No hay ningún sediento que venga a beber en mi alma?

Había un hombre de pie en el cruce de los caminos, con las manos extendidas hacia los transeúntes, y sus manos estaban llenas de joyas. Y llamaba a los transeúntes, diciendo: «Tened piedad de mí, y tomad algo de mí. ¡En nombre de Dios, tomad algo de mis manos, y consoladme!»

Pero los transeúntes sólo se quedaban mirándolo, y nadie tomaba nada de sus manos…

Y hubiera sido preferible que ese hombre fuera un mendigo —sí, un mendigo de mano temblorosa, que la retirara vacía de su pecho—, que extender la mano llena de ricos presentes, para no encontrar a nadie que quisiera recibir…

Y también había un magnánimo príncipe que plantó sus tiendas de seda entre la montaña y el desierto, y que ordenó a sus criados que encendieran una hoguera, como señal para el extranjero y el vagabundo, y que envió a sus esclavos a observar el camino, para que consiguieran un huésped. Pero los caminos y las sendas del desierto estaban desolados, y no encontraron a huésped alguno.

Y hubiera sido mejor que aquel príncipe fuera un hombre de ninguna parte y sin destino, que buscara comida y techo. Que fuera un vagabundo sin más posesión que su túnica, su báculo y su escudilla de barro. Porque un hombre de esta guisa, al caer la noche, se reuniría con sus iguales, y con los poetas sin hogar y sin destino, y podría compartir su mendicidad, y sus recuerdos y sus sueños.

Y también conozco la historia de la hija del gran rey que despertó y se puso su mejor vestido de seda, y sus perlas, y sus rubíes, y que esparció almizcle en su pelo y humedeció sus dedos con ámbar. Y luego descendió desde su torre hasta su jardín, donde el rocío de la noche la calzó con sandalias de oro.

Y en el silencio de la noche, la hija del gran rey buscaba el amor en el jardín, pero en todo el vasto reino de su padre no había un solo hombre que la amara.

Preferible hubiera sido que esa princesa fuera la hija de un labrador, que llevara a pastar sus ovejas a un prado, y que al tornar por la tarde a la casa de su padre llevara los viñedos en los pliegues de su vestido. Y al llegar la noche, y el ángel de la noche estuviera sobre el mundo, esta pastorcilla fuera con pasos sigilosos al valle del río, donde la esperaría su amante.

O sería preferible que esta princesa fuera una monja, encerrada en un claustro, quemando su corazón como si fuese incienso, para que su corazón pudiera levantarse con el viento, y consumiera su espíritu, como una vela, para hacer una luz que se alzara hacia la luz mayor, junto con todos los que veneran, y junto con quienes aman y son amados.

Sí; sería preferible que fuera una mujer de remotas épocas, que permaneciera sentada al sol, recordando a quienes hubieran compartido sus años mozos.

Y la noche se puso más oscura, y Almustafá era oscuro como la noche, y su espíritu era como una nube preñada de lluvia sin caer. Y el Profeta volvió a exclamar:

Pesada está mi alma con su propio fruto maduro; pesada está mi alma con su fruto. ¡Quién acudirá ahora a comer de ella y saciarse! Mi alma rebosa plena de su vino. ¿Quién se servirá de él y beberá para refrescarse del calor del desierto?

Quisiera mejor ser un árbol sin flores ni fruto, pues el dolor de la abundancia es más amargo que la esterilidad, y la tristeza del rico del que nadie quiere tomar es mayor que el dolor del mendigo a quien nadie da nada.

Quisiera mejor ser un pozo seco y en ruinas, y que los hombres arrojaran piedras en mi interior; porque eso sería preferible y más llevadero que ser una fuente de agua vivificante junto a la cual los hombres pasan, sin beber.

Y sería mejor que fuera yo un junquillo pisoteado, mejor que una lira de cuerdas de plata en una casa esplendorosa cuyo dueño carece de dedos, y cuyos hijos son sordos.

La Despedida

Ahora bien, durante siete días y siete noches ningún hombre se acercó al jardín, y Almustafá permaneció a solas, con sus recuerdos y su dolor; pues aun los que habían oído sus palabras con amor y paciencia le habían vuelto la espalda, en busca de otros días.

Sólo Karima acudió a verlo, envuelto el rostro en silencio, como en un velo; llevaba con ella una copa y un plato, bebida y comida para la soledad y el hambre del Profeta. Y una vez que dispuso las viandas ante él, Karima se alejó, en silencio.

Y Almustafá volvió a estar en compañía de los blancos chopos, cerca de la reja, y sentóse, mirando hacia el camino. Y al cabo de un rato percibió una nube de polvo que soplaba por el camino, y que parecía dirigirse hacia él, y de la nube de polvo surgieron los nueve discípulos del Profeta, y ante ellos, conduciéndolos, iba Karima.

Y Almustafá salió al encuentro del grupo, en el camino, y ellos traspusieron la reja, y todo estuvo bien, como si se hubiesen marchado apenas hacía una hora.

Los discípulos entraron y comieron con él, ante su mesa frugal, una vez que Karima hubo puesto sobre la mesa el pan y el pescado, y después de escanciar hasta la última gota de vino en las copas. Y al acabar de escanciar el vino, Karima pidió al Maestro:

Dame tu venia para ir a la ciudad a conseguir más vino, y volver a llenar las copas, pues el vino se ha terminado.

Y comieron y bebieron, y se satisfacieron. Y luego, Almustafá habló con potente voz, profunda como el mar, y plena como la marea alta bajo la luna, y dijo:

Amigos míos y compañeros de viaje: debemos separarnos este día. Durante largo tiempo hemos surcado los procelosos mares, y hemos subido a las más altas montañas, y hemos luchado con las tormentas. Hemos conocido el hambre, y también nos hemos sentado juntos en los banquetes de bodas. A menudo hemos estado desnudos, pero también hemos llevado vestiduras dignas de un rey. Ciertamente hemos viajado a tierras lejanas, pero ahora tenemos que separarnos. Juntos seguiréis vuestro camino, y solo emprenderé mi ruta.

Y aunque los mares y las vastas tierras nos separen, seguiremos siendo compañeros de viaje hacia la Montaña Santa.

Pero antes de que nos marchemos por nuestros caminos separados, os daré la cosecha y lo mejor de mi corazón:

Id por vuestro camino cantando, pero que cada canto sea breve, pues sólo los cantos que mueren jóvenes en vuestros labios vivirán en los corazones humanos.

Decid una amable verdad en palabras breves, pero nunca digáis una fea verdad sin palabras. Decid a la doncella cuya cabellera brilla al sol que es la hija de la mañana, pero, si miráis al ciego, no le digáis que es uno con la noche.

Escuchad al flautista como si estuviérais escuchando las armonías de abril, pero, si oís hablar al crítico y al buscador de faltas, sed sordos como vuestros propios huesos, y distantes como vuestra más lejana imaginación.

Amigos míos y amados míos, en vuestro camino encontraréis a hombres con cuernos; dadles guirnaldas de laurel. Y a hombres con garras; dadles pétalos que les sirvan como dedos. Y a hombres con lenguas de serpiente; dadles miel, para que les sirva de palabras.

Sí; encontraréis a todos estos y a otros. Encontraréis

al cojo que vende muletas, y al ciego que vende espejos. Y encontraréis a los hombres ricos mendigando a las puertas del Templo.

Al cojo, dadle vuestra agilidad; al ciego, vuestra visión; y procurad dar algo de vosotros al mendigo rico; éste es el más necesitado de todos, pues ciertamente ningún hombre extenderá la mano pidiendo limosna, a menos que sea pobre, aunque tenga grandes posesiones.

Compañeros y amigos míos, os conjuro, por nuestro amor, a que seáis incontables senderos que se crucen unos a otros en el desierto, donde transitan los leones y los conejos, y también los lobos y las ovejas.

Y recordad esto de mí: No os enseño a dar, sino a recibir; no a negar, sino a ser plenos; no a ceder, sino a comprender, con la sonrisa en los labios.

No os enseño el silencio, sino una canción que se dice en voz baja.

Os enseño a reconocer a vuestro ego más vasto, que contiene y abarca a todos los hombres.

Y se levantó de la mesa. Y fue directamente al jardín, y caminó bajo la sombra de los cipreses mientras el día agonizaba. Y sus discípulos le siguieron, a corta distancia, pues el corazón del Profeta estaba apesadumbrado, y sus lenguas se les pegaron en las bocas.

Sólo Karima, una vez que levantó la mesa, se llegó hasta él, y le dijo:

Maestro, permite que prepare alimentos para mañana, y para vuestro viaje.

Y el Profeta la miró con ojos que veían otros mundos, y dijo:

Hermana mía bienamada, ya está hecho, desde el principio de los tiempos. El alimento y la bebida están preparados para el día de mañana, así como para nuestro ayer y para nuestro ahora.

Me marcho, pero me marcho con una verdad aún no pronunciada; esa verdad que volverá a buscarme y a reunirme, aunque mis elementos estén dispersos en los silencios de la eternidad; y otra vez volveré ante vosotros, a hablaros con una voz nueva, nacida del corazón de esos silencios sin fronteras.

Y si hubiera algo de belleza que no os hubiere declarado, entonces, una vez más seré llamado, incluso por mi propio nombre, Almustafá, y os daré una señal, para que sepáis que he vuelto a deciros lo que faltaba, pues Dios no me permitirá estar oculto a los hombres, ni que su palabra yazga oculta y encubierta en el abismo del corazón humano.

Viviré más allá de la muerte, y cantaré a vuestros oídos, incluso cuando la vasta marejada me devuelva a la inmensa profundidad del mar.

Me sentaré a vuestra mesa, aunque ya no tenga un cuerpo e iré con vosotros al campo, como espíritu invisible.

Llegaré a vuestros hogares y a vuestras chimeneas, como huésped no visto.

La muerte no cambia nada, sino las máscaras que cubren nuestros rostros.

El leñador seguirá siendo leñador, el labrador seguirá siendo labrador, y el que lanzó su canto al viento también lo cantará a las Esferas que giran.

Y los discípulos del Profeta estaban inmóviles como piedras, y apesadumbrados en sus corazones, porque él había dicho: «Me marcho». Pero ningún hombre extendió la mano para detener al maestro, ni nadie se atrevió a seguir sus pasos.

Y Almustafá salió del jardín de su madre, y sus pasos eran ligeros y silenciosos; y al cabo de un momento, como una hoja barrida por un fuerte viento, ya estaba muy lejos de ellos, y vieron una pálida luz que avanzaba hacia las alturas.

Y los nueve emprendieron su camino, pero la mujer permaneció todavía en pie al caer la noche, y vio cómo la luz del día y el crepúsculo se volvían una misma cosa; y consoló su desolación y su soledad con las palabras del Profeta: «Me marcho, pero si me marcho con una verdad aún no pronunciada, esa misma verdad me buscará y me reunirá, y otra vez volveré».

Niebla

Y era la hora del anochecer.

Y el Profeta había llegado a las montañas. Sus pasos lo habían llevado a la niebla, y permanecía en pie entre las rocas y los blancos cipreses, oculto de todos, y habló, y dijo:

¡Oh Niebla! hermana mía, aliento blanco aún no encerrada en ningún molde:

vuelvo a ti, como aliento blanco y sin voz; como una palabra aún no pronunciada.

¡Oh Niebla! mi alada hermana niebla, ahora estamos juntos y juntos estaremos hasta el segundo día de la vida, cuya aurora te depositará, como gotas de rocío, en un jardín, y a mí, como un recién nacido, en el pecho de una mujer, y lo recordaremos todo.

¡Oh Niebla!, hermana mía, vuelvo a ti como un corazón escuchando en tus profundidades; como tu corazón mismo, deseo inquieto y sin objeto, como tu deseo, pensamiento aún no formulado, como tu pensamiento.

¡Oh Niebla!, hermana mía, primogénita de mi madre, mis manos aún tienen las verdes semillas que me ordenaste esparcir, y mis labios están sellados con el canto que me ordenaste cantar; y no te traigo ningún fruto, ni eco alguno, pues mis manos eran ciegas, y mis labios, estériles.

¡Oh Niebla!, hermana mía, mucho amé al mundo, y el mundo me amó, pues todas mis sonrisas estuvieron en labios del mundo, y todas las lágrimas del mundo estuvieron en mis ojos. Sin embargo, hubo entre nosotros un golfo de silencio, que no pudimos franquear, y que no pude trasponer.

¡Oh Niebla!, hermana mía, inmortal hermana Niebla: canté los viejos cantos a mis hijos, y ellos los escucharon, y hubo una expresión de sorpresa en sus rostros; pero mañana, acaso, olviden el canto. Y aunque no era mío ese canto, descendió a mi corazón, y vivió un momento en mis labios.

¡Oh Niebla!, hermana mía, aunque todo esto ha acaecido, yo estoy en paz. Fue bastante el cantarles a aquellos que ya habían nacido. Y aunque el canto, en verdad no es mío, encierra, no obstante, el más profundo deseo de mi corazón.

¡Oh Niebla!, hermana mía, hermana Niebla, ahora soy uno contigo. No soy ya un ego. Los muros han caído, y las cadenas se han roto; me elevo hasta ti, yo mismo como niebla, y juntos flotaremos sobre el mar, hasta el segundo día de la vida, cuando la aurora nos deposite, a ti, como gotas de rocío en un jardín, y a mí, como a un recién nacido, en el pecho de una mujer.

Índice

Estudio preliminar

El Profeta

El jardín del Profeta

•FONTANA•

1. **LA DIVINA COMEDIA,** Dante
2. **EL ARTE DE LA GUERRA,** Sun Tzu
3. **LA ILÍADA,** Homero
4. **LA ODISEA,** Homero
5. **LA ENEIDA,** Virgilio
6. **EL RETRATO DE DORIAN GRAY,** Oscar Wilde
7. **LA METAMORFOSIS,** Franz Kafka
8. **FRANKENSTEIN,** Mary Shelley
9. **NECRONOMICÓN, LOS MEJORES RELATOS,** H. P. Lovecraft
10. **ALICIA EN EL PAÍS DE LAS MARAVILLAS,** L. Carroll
11. **A TRAVÉS DEL ESPEJO,** Lewis Carroll
12. **LA VUELTA AL MUNDO EN OCHENTA DÍAS,** J. Verne
13. **DRÁCULA,** Bram Stoker
14. **CUENTOS DE LA SELVA,** Horacio Quiroga
15. **EL FANTASMA DE LA ÓPERA,** Gaston Leroux
16. **LA BELLA Y LA BESTIA,** Velleneuve y Beaumont
17. **DE LA TIERRA A LA LUNA,** Julio Verne
18. **EL PROCESO,** Frank Kafka
19. **CUENTOS DE AMOR DE LOCURA Y DE MUERTE,** H. Quiroga
20. **ROMEO Y JULIETA,** William Shakespeare
21. **ASÍ HABLABA ZARATUSTRA,** Friedrich Nietzsche
22. **MANIFIESTO COMUNISTA,** K. Marx y F. Engels
23. **EL PRÍNCIPE,** Nicolás Maquiavelo
24. **EL KYBALIÓN,** Tres Iniciados
25. **MÁS ALLÁ DEL BIEN Y DEL MAL,** Friedrich Nietzsche
26. **EL ANTICRISTO,** Friedrich Nietzsche
27. **APOLOGÍA DE SÓCRATES,** Platón
28. **DIÁLOGOS,** Platón
29. **METAFÍSICA,** Aristóteles
30. **RETÓRICA,** Aristóteles
31. **ÉTICA A NICÓMACO,** Aristóteles
32. **ELOGIO DE LA LOCURA,** Erasmo de Rotterdam
33. **AURORA,** Friedrich Nietzsche
34. **AZUL...,** Rubén Darío
35. **SELECCIÓN POÉTICA,** Federico García Lorca
36. **SENTIDO Y SENSIBILIDAD,** Jane Austen
37. **EL FANTASMA DE CANTERVILLE Y OTROS RELATOS,** O. Wilde
38. **EL PRÍNCIPE FELIZ Y OTROS CUENTOS,** Oscar Wilde
39. **CORAZÓN: DIARIO DE UN NIÑO,** Edmondo de Amicis
40. **ALREDEDOR DE LA LUNA,** Julio Verne

41. **LA MURALLA CHINA,** Franz Kafka
42. **AMÉRICA,** Franz Kafka
43. **EL PERRO DE LOS BASKERVILLE,** Arthur Conan Doyle
44. **EL DOCTOR JEKYLL Y MISTER HYDE,** Robert Louis Stevenson
45. **YERMA · DOÑA ROSITA LA SOLTERA,** Federico García Lorca
46. **SELECCIÓN DE CUENTOS,** Hermanos Grimm
47. **SELECCIÓN DE CUENTOS,** Christian Andersen
48. **EL MARAVILLOSO MAGO DE OZ,** Lyman Frank Baum
49. **EL CREPÚSCULO DE LOS ÍDOLOS,** Friedrich Nietzsche
50. **LA REPÚBLICA,** Platón
51. **EL CUERVO Y OTROS POEMAS,** Edgar Allan Poe
52. **LA MÁSCARA DE LA MUERTE ROJA Y OTROS RELATOS,** E. A. Poe
53. **EL CONTRATO SOCIAL,** Rousseau
54. **TRES ENSAYOS SOBRE LA TEORÍA SEXUAL,** Sigmund Freud
55. **PRINCIPIOS ELEMENTALES DE LA FILOSOFÍA,** Georges Politzer
56. **POPOL VUH & CHILAM BALAM**
57. **CANCIÓN DE NAVIDAD,** Charles Dickens
58. **EL INVITADO DE DRÁCULA Y OTRAS HISTORIAS DE TERROR,** Bram Stoker
59. **SALOMÉ & UNA MUJER SIN IMPORTANCIA,** Oscar Wilde
60. **INVESTIGACIÓN SOBRE LA NATURALEZA Y CAUSAS DE LA RIQUEZA DE LAS NACIONES,** Adam Smith
61. **EL ESCARABAJO DE ORO Y OTROS RELATOS,** Edgar Allan Poe
62. **HOJAS DE HIERBA,** Walt Whitman
63. **TAO TE KING,** Lao Tse
64. **MARTÍN FIERRO,** José Hernández
65. **MARÍA,** Jorge Isaacs
66. **EL ARTE DE AMAR · EL REMEDIO DEL AMOR,** Ovidio
67. **EL PROFETA · EL JARDÍN DEL PROFETA,** Khalil Gibrán
68. **DESOBEDIENCIA CIVIL Y OTROS TEXTOS,** Henry David Thoreau
69. **EL VALLE DEL TERROR,** Arthur Conan Doyle
70. **LA TEOGONÍA,** Hesíodo
71. **LA CASA DE BERNARDA ALBA · LA ZAPATERA PRODIGIOSA,** Federico García Lorca
72. **LAS FLORES DEL MAL,** Charles Baudelaire
73. **EL TERROR EN LA LITERATURA,** H. P. Lovecraft
74. **EL MUNDO COMO YO LO VEO,** Albert Einstein
75. **LOS MITOS DE CTHULHU,** H. P. Lovecraft
76. **UTOPÍA,** Tomás Moro
77. **EL GATO NEGRO Y OTROS RELATOS,** Edgar Allan Poe
78. **EN LAS MONTAÑAS DE LA LOCURA,** H. P. Lovecraft
79. **CUMBRES BORRASCOSAS,** Emily Brontë